Die Nikolaikirche
Foto: Therese Schneider

Rolf Schneider
Potsdam

Garnison und Arkadien

Carl Hanser Verlag

1 2 3 4 5 98 97 96 95 94

ISBN 3-446-17694-2

Satz: LibroSatz Kriftel
Druck und Bindung: Franz Spiegel Buch GmbH, Ulm
Printed in Germany

Potsdam
Garnison und Arkadien

Introitus

Brandenburg ist eine spröde Landschaft. Potsdam, ihr ästhetisch-politischer Mittelpunkt, möchte diesen Umstand nicht verdrängen noch bemänteln, und wessen Gefühle darauf nicht ausgelegt sind, könnte wohl Schwierigkeiten haben, es sich zu erschließen.

Anmut ist nirgends zwingend an einen sensualistischen Überfluß gefesselt, und doch wird einer, der sich lange und selbstverständlich in Zuständen der ästhetischen Opulenz bewegen konnte, einige Mühe aufbringen müssen, es anders zu begreifen. König Friedrich Wilhelm IV., der die glücklichsten Schöpfungen des klassizistischen Postdam in Auftrag gegeben hat, wollte Italien an die Havel zwingen: im peinigenden Gefühl eines unendlichen märkischen Defizits. Was schließlich herauskam, war nicht die Toskana und nicht mehr die steife preußische Garnison, es war das klassizistische Potsdam, ein ästhetisches Produkt eigener Art: zurückhaltend, kunstfertig und von sublimer Schönheit. Die Wege dazu waren sonderbar verworren. Man darf es durchaus als ein Paradigma nehmen.

Meine eigenen Beziehungen zu Potsdam und zur Mark Brandenburg, einschließlich seiner Kapitale Berlin, sind lange Zeit eher unterkühlt gewesen. Das war vielleicht erstaunlich angesichts des Umstandes, daß ich mich bereits bald nach Beginn meines Erwachsenendaseins fast nur noch in märkischen Breiten aufgehalten habe und eine längere Gewöhnung etwas zu schaffen vermag, das vielleicht nicht Liebe oder Zuneigung ist, aber doch deren listiges Surrogat.

Tatsächlich konnte ich schon rasch, wenn ich mich abmühte, in meinem Inneren eine gewisse borussische Interessiertheit entfachen, die sogar Funken des Eifers, des Leidens oder des Enthusiasmus zu versprühen vermochte. Blickte ich genau hin, entstand dergleichen bloß im Umgang mit Gegenständen, deren landschaftlicher oder denkmalspflegerischer Zustand mich beschäftigte und die darin eine deutliche Ersatzfunktion wahrnehmen mußten für entsprechende Objekte meiner eigentlichen Heimat. Da ich mich in dieser nicht aufhielt, konnte ich für deren Details nur selten entflammen. Daß ich es nicht konnte, lastete ich der daran durchaus unschuldigen Region meines nunmehrigen Aufenthaltes eisig an.

Wenn ich hier Heimat sage, so rede ich, genaugenommen, von zweierlei Ort. Ich bin in Sachsen gebürtig und am Nordharz aufgewachsen. Zu meinen frühen Bildungseindrücken gehörte der Anblick von Dresdner Barockvoluten ebenso wie jener von Fächerrosetten auf niederdeutschem Fachwerk. Beides hat miteinander überhaupt nichts zu schaffen, da es einem jeweils anderen Kulturkreis zugehört. Es mißt ein ziemlich breites zivilisatorisches Spektrum aus zwischen parasitärem Überfluß und plattdeutscher Gediegenheit. Mußte es da verwundern, wenn die hagere und härene Ästhetik der Mark Brandenburg in meiner Seele überhaupt keinen Platz fand?

Es hat dann schon viel Zeit gebraucht, daß ich wenigstens die märkische Kiefer, *Pinus silvestris*, für mehr als bloß ein Gewächs der Armut hielt, welches im Sommer übel riecht. Potsdam, als ich es das erstemal besuchte, fand ich fürchterlich und Sanssouci, gemessen an Pillnitz, eine prätentiöse Zumutung. Wenn ich schließlich einen zunächst immer noch eher kühlen Frieden mit alledem geschlossen habe, so wurde dies durch die schöne Literatur bedingt.

Hier muß ich zwei Autorennamen nennen. Der erste lautet Theodor Fontane.

Es geht dabei nicht so sehr um den Autor der »Wanderungen durch die Mark Brandenburg«, eines vermutlich ziemlich überschätzten Werkes, das auch nur die wenigsten Leute vollständig gelesen haben. Die selektive Vereinigung von Histörchen um irgendwelche brandenburgische Herrschersippen kann heute bloß noch kultivierte Langeweile erzeugen: außer, man ist dem Tonfall von Fontanes Sagweise verfallen. Hierbei freilich handelt es sich gleichsam um ein retrospektives Entzücken, ausgelöst durch die großen Altersromane des Autors, während er, hätte er bloß die »Wanderungen« verfaßt, kaum unsterblich geworden wäre.

Das Alterswerk jedoch, verfaßt in einer Sprache, welche die vollkommenste deutsche Prosa bietet zwischen Goethe und Thomas Mann, offenbarte mir eine Welt, in der Sprödigkeit, Zurückhaltung, Ironie und Trauer unentwirrbar ineinanderwuchsen. Kulisse sind die Seen, die aus Kiefer, Birke und vergilbtem Gras gemischten Wälder, die anmutig-ärmlichen Herrensitze der Mark. Fontane läßt sich nicht gut mögen, ohne die Region, in der seine Geschichten spielen, ästhetisch und sozial zu tolerieren.

Der andere Autor trägt den Namen Peter Huchel. Er wird im Folgenden (wie auch Fontane) gelegentlich genannt werden. Ich habe ihn persönlich gut gekannt, bis in die Jahre seiner Verfemung durch die offizielle DDR hinein. Der knorrige Stolz, mit dem er am Ende jegliche angebotene Versöhnung mit den SED-Behörden ausschlug, war wohl ein familiäres Erbteil. Gerne erzählte er von seinem märkischen Großvater, der mehrere Jahrzehnte lang mit einem Nachbarn prozessiert hatte, wegen irgendwelcher Nichtigkeiten, ich glaube, es ging dabei um einen Baum.

Huchel, hochgewachsen von Statur, ausgestattet mit einer schneidenden Stimme und einer beträchtlichen Fähigkeit zu Hohn und Sarkasmus, ist Verfasser der wohl sensibelsten Lyrik gewesen, die während der letzten Jahrzehnte in deutscher Sprache geschrieben worden ist. Sein poetischer Kosmos war weit. Er schloß die kriegsverwüstete Ukraine ebenso ein wie Gestade des Mittelmeers. Ihr Mittelpunkt war und blieb das wendische Dorf seiner Vorfahren. Bei Huchel habe ich begriffen, daß die westslawische Grundierung der Landschaften zwischen Havel und

Oder keine folkloristische Behauptung ist, sondern eine mystische Unumstößlichkeit, und er, Huchel, wußte es am besten, da er, als er dann fortgegangen war, hatte fortgehen müssen, sich verzehrte in schmerzlicher Sehnsucht eben danach.

Ich mußte, wenn ich ihn besuchte, und das geschah ein paar Jahre lang wenigstens einmal den Monat, durch Babelsberg fahren und durch die Teltower Vorstadt von Potsdam. Die Straßen waren lang und grau, nichts weniger als ein Anlaß zu ästhetischer Freude, doch wenn ich sie heute wieder betrete, ihre Namen lese und ihr allmählich sich veränderndes Äußeres erkenne, erfaßt mich tiefe Melancholie, geschuldet einer immer mehr sich entfernenden Erinnerung, die, wie alle Erinnerung, der Stoff ist, den wir Leben nennen.

Von Nordosten her

Das Verhältnis zwischen Potsdam und Berlin, zwischen Berlin und Potsdam ist einigermaßen kompliziert, und es ist auch nicht frei von Mißverständnissen.

Für Berlin gestaltet sich die Lage vergleichsweise einfach. In seinem Verständnis bietet Potsdam die natürliche Verlängerung der eigenen riesigen Stadt, als ein freundlicher Ort für Wochenendausflüge. Die entsprechende Tradition ist schon alt. Der Musikkritiker der »Völkischen Zeitung« und, nebenher, Reiseschriftsteller Ludwig Rellstab schrieb 1860 in einem seiner Feuilletons unumwunden von der »Sommerstadt« oder doch »Sommervorstadt« Berlins.

Es wurde dies vornehmlich bewirkt durch den Bau der Eisenbahnlinie zwischen den beiden Städten. Vorher scheint der Weg, »nur 4 kleine Meilen lang«, miserabel gewesen zu sein, nämlich »so schlecht, daß man sich nicht genug wundern kann, wie eine Straße, die von allen in den preußischen Staaten am meisten bereist wird . . ., nicht besser und bequemer angelegt« sei. Schrieb der »Teutsche Merkur« Christoph Martin Wielands im Jahr 1787.

Das vom francopreußischen Dichter Adelbert von Chamisso bejubelte Dampfroß sollte dies ändern. 1839, ein Jahr nach Eröffnung der Strecke, reisten im Durchschnitt 20 00 Besucher pro Woche von hier nach dort. Ein Jahrhundert später, da es die S-Bahn gab und diese auch noch elektrisch fuhr, sollten sich die Zahlen vervielfachen, und allein am Pfingstmontag des Jahres 1929 würde man am Potsdamer Hauptbahnhof ausgezählte 52 000 Fahrkarten nach Berlin verkaufen.

Im Bewußtsein der üblichen Berliner hielt und hält sich Potsdam als etwas, das sich ohne Berlin überhaupt nicht denken läßt. Der besondere Anspruch, den Potsdam in seiner Existenz bis heute eifernd verficht, wird da unter die kleinlichen Ehrgeize von manchen Berliner Ortsteilen wie Spandau oder Köpenick getan, als eine urbanistische Albernheit.

Mit Spandau hat Potsdam den Umstand gemeinsam, viel älter zu sein als Berlin und Cölln. Die Kenntnis dieses Umstandes mag manchen Potsdamern sogar ein gewisses Gefühl von Stolz und Überlegenheit eingeben, aber an den gegenwärtigen Zuständen von Macht und Prominenz beider Städte resultiert daraus nichts. Die Daten von Gründungsurkunden teilen sich selten dem Stadtbild mit. Wichtiger für Potsdam wurde deswegen, daß es, verglichen mit Berlin, die sehr viel schönere Stadt war und bis heute immer noch ist.

Sie zeigt sich viel anmutiger gelegen. Es gibt allerlei Hügel und mild geschwungene Niederungen, es gibt vergleichsweise sehr viel Gewässer. Die Potsdamer Schlösser sind entschieden prächtiger und origineller, die Parks ausgedehnter, und etwas dem Holländischen Viertel Vergleichbares besitzt Berlin schon überhaupt nicht. Gemessen an der Potsdamer Nikolaikirche erscheint St. Hedwig klein und der Berliner Dom auf eine geradezu brüllende Weise neureich.

Potsdam besitzt mehr Kultur als Berlin. Freilich fehlt Potsdam die kosmopolitische Vielfalt des Berliner Kunstbetriebes, zugunsten einer museal-konservativen Behäbigkeit, denn die Weltgeltung der schönen Künste in Potsdam hörte irgendwann Mitte des 19. Jahrhunderts auf, mit Schinkel, mit Lenné, und die gibt es in Berlin natürlich auch und im restlichen Brandenburg sowieso.

An Literaten hatte Potsdam bloß Peter Huchel und Peter Weiss, und die gingen jeder schon im jugendlichen Alter fort. Dabei muß man wissen, daß Huchel, genaugenommen, gar nicht direkt aus Potsdam stammt, sondern in Berlin geboren wurde und bei seinem Großvater in einem märkischen Dorfe aufwuchs, während Weiss aus Nowawes kam, dem heutigen Babelsberg, und das verhält sich zu Potsdam ungefähr wie Spandau zu Berlin.

Und wie geht das mit der Kasernenstadt? Es ist wahr, Potsdam wurde früher zu guten Teilen vom Militär bestimmt. Der Geist von Potsdam aber war eine Erfindung von deutschnationalen Ideologen, die bevorzugt in Berlin wohnten.

Der Geist von Potsdam manifestierte sich deutlich etwa am 30. Januar 1933, mit einem Fackelzuge Unter den Linden, also zu Berlin, oder mit dem einige Wochen später veranstalteten Tag von

Potsdam, da sich unter sehr viel Fahnenschwenken und Militärmusik aus Berlin der deutsche Reichspräsident und der deutsche Reichskanzler in die Potsdamer Garnisonkirche begaben, um sich dort symbolisch den Segen des Alten Fritz abzuholen. Der eine der beiden Besucher war aber ein gebürtiger Posener, während der andere aus dem fernen Niederösterreich kam. Sollte es jenen Geist jedoch in der Tat irgend gegeben haben, dann ist Potsdam überaus gründlich mit ihm ins Gericht gegangen: auf der alliierten Konferenz der Sieger des Zweiten Weltkriegs, in Potsdam, Sommer 1945.

Später kam der Autonomie Potsdams zugute, was sonst überall (und rechtens) als ein politisches Unglück gilt, nämlich die deutsche Teilung samt der Teilung Berlins.

Die Glienicker Brücke, die Potsdam mit Berlin verband, war für 28 Jahre eine leere Gebärde. West-Berlin lag auf unerreichbare Weise exterritorial, und Ost-Berlin befand sich unendlich weit weg. Potsdam wurde zu einer wirklichen und selbständigen Hauptstadt, mal der von Brandenburg und mal der eines gleichnamigen Bezirkes in der Deutschen Demokratischen Republik. Es lebte sein eigenes offizielles Leben, und später kultivierte es seinen eigenen *underground*. Der lästige Riesenkonkurrent Berlin war irgendwie nicht da.

Seit dem Spätherbst des Jahres 1989 ist er es wieder, unübersehbar, und es gehört nicht viel Weisheit zu der Vorhersage, daß Berlin Potsdam demnächst zur Gänze verschlingen wird. Das

Maul ist schon gierig aufgesperrt. Potsdam wird dann ein Teil jener urbanistischen Agglomeration sein, die man den Großraum Berlin nennen dürfte und der von der Art sein wird, wie sie allen großen Stadtlandschaften der europäischen Postmoderne droht, während Nordamerika sie uns bereits in vielen beispielhaften Wucherungen unterbreitet.

Man mag diesen Vorgang bedauern, aber er ist unaufhaltsam. Die Tausendjahrfeier Potsdams von 1993 bot noch einmal ein großes autonomistisches Aufbäumen. Vermutlich wird es das letzte gewesen sein.

Bürgerliches

Nur selten wird jemand auf den Gedanken kommen, mit dem Städtenamen Potsdam alsbald den Begriff Bürgerlichkeit zu verweben. Viel zu sehr scheint dieser Ort, wie bereits angedeutet, vielmehr durchtränkt von den Hinterlassenschaften des friderizianischen Schneids und des preußischen Militärs, der Hohenzollernrepräsentation, der Beamtenarroganz und des Elitegebarens im hochberühmten Infanterieregiment Nummer neun. Nun wären diese sämtlichen erwähnten Gruppierungen mitsamt ihrem parasitären Dasein nicht gut möglich gewesen ohne die Existenz einer produktiven Sozialschicht, die hier wie anderswo ab dem 18. Jahrhundert mehr und mehr eine bürgerliche war.

Das Prinzipielle betreffend, blieben da die gesellschaftlichen Zustände in Potsdam durchaus vergleichbar jenen in der Hauptstadt Berlin. Gleichwohl, es existierte eine Potsdamer Bürgerlichkeit aus besonderem Herkommen, die sich in ihrem Stil und ihrem Klima von jener Berlins dann auch deutlich absetzte.

Als ein Gründungsdatum ist das Jahr 1685 anzusehen. Der Große Kurfürst Friedrich Wilhelm erließ sein berühmtes Toleranzedikt, das übrigens nicht so sehr eine Urkunde für die geistige, vielmehr eine solche für die ökonomische Liberalität war, wiewohl sich das eine aus dem anderen dann irgendwie ergab.

Mit den französischen Calvinisten erschienen die zu jener Zeit erfahrensten Praktiker einer manufakturellen Produktenwirtschaft im Land. Das Kurfürstentum Brandenburg war ein von Natur und Zivilisation besonders benachteiligtes, ein von den vielen Kriegen im 17. Jahrhundert zusätzlich ausgeplündertes Territorium, daß eine derartige Immigration sich als Überlebensstrategie förmlich anbot. Durch die Hugenotten kamen handwerkliche Fertigkeit und gehobener Geschmack, Händlerfleiß, Bürgertugend und romanische Rationalität, und außer in den damals noch selbständigen Ortschaften Lietzenburg (aus dem später Charlottenburg wurde) und Berlin siedelten die Immigranten bevorzugt in dem soeben zu einem preußischen Versailles umgewidmeten Potsdam.

Fast einhundert Jahre lang ging der Zustrom von Glaubensflüchtlingen ununterbrochen fort. Am Potsdamer Ortsrand entstand eine eigene Siedlung von Protestanten aus dem Böhmischen, Nova vés, slawisch für Neuendorf, und das bevorzugte Handwerk hier wurde die Weberei. Soldatenkönig Friedrich Wilhelm I. hatte nicht nur den militaristischen Blödsinn der Langen Kerls zu verantworten, er war auch ein ebenso energischer wie verdienstvoller Verfechter des Merkantilismus. Da es in seiner Familie verschiedene dynastische Verbindungen zum Herrscherhaus Oranien gab und die Niederlande zu jener Zeit ein weiteres Kernland der bürgerlicher Tüchtigkeit stellten, lockte er 1732 zahlreiche Handwerker aus Holland in die Havelstadt.

Der Architekt Boumann errichtete für sie jene 134 Bürgerhäuser aus rotem Backstein, die seither als ein Herz- und Prunkstück der barocken Stadterweiterungen Potsdams gelten und außerhalb der Landschaften des Niederrheins in Europa ihresgleichen nicht haben. Von den Erstbewohnern wurden sie freilich bloß vorübergehend genutzt. Die meisten zogen schon bald wieder fort und überließen ihre Behausung allerlei anderen bürgerlichen Einwanderern, solchen aus den Dörfern der Mark wie solchen aus Frankreich, aus Böhmen und aus der Schweiz. Auch einige der berühmten friderizianischen Architekten lebten hier, Unger und Gontard, wie überhaupt das Quartier frühzeitig eine Anziehungskraft auf Künstler ausübte, was so geblieben ist bis in die unmittelbare Gegenwart hinein.

Der Raum des bürgerlichen Potsdam im 18. und frühen 19. Jahrhundert war die durch die drei heute noch erhaltenen Stadttore abgesteckte Region. Hauptaveniden wurden die Brandenburger und die Nauener Straße, wobei letztere inzwischen nach Friedrich Ebert heißen muß. Inmitten dieses Viertels, an der kleinen Jägerstraße, befand sich auch ein erstes Gemeindehaus mit Betstube für die Potsdamer Israeliten.

Sie waren die überhaupt frühesten Glaubensflüchtlinge gewesen, die der Große Kurfürst ins Brandenburgische holte: 1671, da die Habsburger in Wien, wieder einmal, ihre Juden verjagten.

Der erste prominente Israelit im Kurfürstentum Brandenburg hatte den Namen Lippold getragen. Die Zeit war das 16. Jahrhundert. Als Monarch regierte damals Joachim II. aus dem Hause Hohenzollern, ein verschwendungssüchtiger Mann. Auf Betreiben einer seiner Geliebten, Anna Sydow, bestellte er den aus Prag stammenden Lippold zu seinem Münzmeister.

Der brachte es bei Hofe zu Einfluß. Er war geschickt, intelligent, geschmeidig, er beglich die außerordentlichen Ausgaben des Herrschers und war ihm auch sonst vielfach zu Diensten, etwa indem er ihm immer wieder neue Konkubinen zuführte. Als der Kurfürst nach einem Jagdausflug überraschend starb, wurde Lippold beschuldigt, Joachim vergiftet zu haben. Man unterwarf ihn der Folter, machte ihm den Prozeß, verurteilte ihn und richtete ihn öffentlich hin, am 28. Januar 1573, vor einer großen Menschenmenge: ein anderer Jud Süß Oppenheimer. Anschließend wurden sämtliche Israeliten aus Brandenburg verjagt, und anderthalb Jahrhunderte lang war das Kurfürstentum fast judenfrei.

Friedrich Wilhelms Einladung an die verfolgten Wiener Juden könnte so beinahe als ein Akt der Wiedergutmachung erscheinen, aber derlei Gedanken beschwerten den brandenburgischen Souverän wohl nicht. Seine Anweisung an die brandenburgische Gesandtschaft in Österreich lautete ausdrücklich, ein Angebot zur Immigration und die Aussicht auf einen kurfürstlichen Schutzbrief nur an wohlhabende Hebräer zu machen. Es war absolutistischer Geschäftssinn, was hinter seiner Offerte stand, nicht Humanität, und er verhielt sich damit ebenso wie im Falle seines Toleranzediktes zugunsten der Hugenotten.

Gleichwohl gehört festgestellt, daß, was immer man gegen die Hohenzollern sonst einwenden mag oder muß, sie jedenfalls keine wütenden Antisemiten waren, zu keiner Zeit. Ein wenig von solchem Geist sickerte dann wohl ein ins Volk, und das schon zu Zeiten, da es die vom Staatskanzler Friedrich Hardenberg erwirkten vollen Bürgerrechte für die preußischen Juden noch längst nicht gab.

Ein erster Potsdamer Jude wird ums Jahr 1690 erwähnt. Mehr als eine Generation später lebten in der Stadt ein paar vergleichsweise wohlhabende Israeliten, Inhaber von Textilmanufakturen. Die Potsdamer Juden waren gläubige Leute. Seit 1760 gab es für sie auch ein geistliches Oberhaupt. Der erste Rabbiner war aus Polen hierher gekommen und hieß Jechíel Michel. Offenbar war er ein ganz ausgezeichneter Mann.

1766 wurde mit dem Bau einer ersten Synagoge begonnen. Hier bürgte dann nicht etwa, wie es eine beharrliche Legende wissen will, Fridericus Rex für die zum Aufbau des Tempels notwendigen Gelder, vielmehr erfolgte dies durch zwei ehrbare christliche Kaufleute aus der Stadt. Dafür wurden die Potsdamer Juden verpflichtet, von Friedrichs Berliner Porzellanmanufaktur, die sich in ständigen Absatznöten befand, ein bestimmtes Kontingent von Waren zu erwerben. Die Sache mißlang freilich. Die meisten Potsdamer Juden waren zu arm.

Der Geist bürgerlicher Großzügigkeit und Toleranz wurde in Potsdam außerdem durch einen französischen Advokaten und Literaten verkörpert, François-Marie Arouet, der das Pseudonym Sieur de Voltaire führte.

Der berühmteste Dichter seines Zeitalters, zugleich ein Geizhals von Graden und einer der reichsten Männer in Frankreich, hatte sich durch den preußischen König Friedrich, mit dem er seit längerem korrespondierte, zu einem Aufenthalt in Preußen überreden lassen. Er wollte dadurch zugleich seinen eigenen König ärgern, Louis xv., durch den er sich nicht ausreichend gewürdigt wähnte. Voltaire nahm seine Wohnung im Potsdamer Stadtschloß, verfügte über eine eigene Equipage und bezog eine Rente von 5000 Talern.

Wofür?

»Mein Geschäft ist, nichts zu tun. Ich genieße meine Muße. Eine Stunde des Tages widme ich dem König, um seine Werke in Prosa und Versen ein wenig abzurunden; ich bin sein Grammatiker, nicht sein Kammerherr. Den Rest des Tages habe ich für mich, und der Abend schließt mit einem angenehmen Souper.«

Die anfängliche Harmonie wurde bald brüchig, und der Blick des bürgerlichen Skeptikers wurde schärfer. Aus einem Brief: »Sie wissen, daß mir die großen Männer als die ersten erscheinen, die Helden aber als die letzten. Groß nenne ich die Männer, die sich im Nützlichen und Angenehmen hervorgetan haben. Die Verwüster von Provinzen sind nur Helden.«

Mit solcher spöttischen Qualifizierung war zunächst Ludwig XIV. von Frankreich gemeint, über dessen Biographie Voltaire eben saß, aber galt das Gesagte denn nur für den Sonnenkönig? Lebte Voltaire nicht in der Nähe eines Mannes, der bereits zwei Schlesische Kriege hinter sich hatte und eben dabei war, den dritten vorzubereiten? Darin würden mehr Provinzen verwüstet werden als in sämtlichen ludovikanischen Kriegen.

»Es ist wahr, daß Potsdam von Schnurrbärten und Grenadiermützen bewohnt ist; aber Gott sei Dank, ich sehe sie gar nicht. Ich arbeite friedlich bei Trommelwirbel. Ich habe mich von den Diners des Königs zurückgezogen; es gibt da zu viele Generale und Fürsten. Ich konnte mich nicht daran gewöhnen, immer in zeremonieller Haltung einem König gegenüber zu sitzen und Gespräche vor aller Öffentlichkeit zu führen.«

Keine bessere und deutlichere Ausdrucksweise ist denkbar für einen geraden Bürgersinn.

Voltaire blieb zweieinhalb Jahre in Potsdam. Zuletzt seufzte er, wie er, neben einem Ofen sitzend, »mit schwerem Kopf und traurigem Herzen«, hinausblicke auf einen Fluß, dessen Wasser in die Elbe fließe, und die fließe ins Meer, und das Meer nehme die Seine auf, und sein eigenes Haus in Paris stehe ganz nahe der Seine. »Wie ist mein Glück vergiftet!« So reist er also wieder ab, 1753, drei Jahre vor Ausbruch des Siebenjährigen Kriegs.

Er ist von den berühmten Dichtern, die Potsdam jemals beherbergt hat, gleichsam am absichtsvollsten und gründlichsten hier gewesen, während das den übrigen eher nebenher unterlief. Heinrich von Kleist hat in Potsdam eine Erziehungsanstalt besucht. Er war kein bürgerlicher Mensch, weder der Herkunft noch dem Selbstverständnis nach, allenfalls ein verbürgerlichter Aristokrat, darin durchaus eine zeittypische Existenz, die übrigens, was Preußen anlangt, eher nach Potsdam gehörte als etwa nach Berlin.

Friedrich Wilhelm II., der fette Kerl mit den vielen Weibern, überließ seiner Wilhelmine, der Trompeterstochter, in Potsdam ein Palais, nachdem er sie zur Gräfin Lichtenau gemacht. Umgekehrt benahmen sich die meisten Hohenzollern, wenn sie sich in Potsdam umtaten, eher kommun und fast ein wenig bürgerlich, ausweislich etwa der Architekturen, die sie der kleinen Stadt vermachten. Das beginnt spätestens bei Fridericus. Sanssouci ist kein barocker Prunkbau, es ist nicht einmal unterkellert, dafür gibt es, mit den Intérieurs aus der Werkstatt der Hoppenhaupts, vor allem ein Zeugnis für den Potsdamer Handwerkerfleiß.

Kein Hohenzollernpalais indessen atmet soviel bürgerlichen Geist wie das den italienischen Villen nachempfundene Charlottenhof.

Sein Architekt war das Genie des preußischen Klassizismus, Karl Friedrich Schinkel. Er hat in Potsdam auch seinen überhaupt allerersten Bau errichtet, als Neunzehnjähriger, auf dem Pfingstberg, einen Pomona-Tempel, und seinen anderen großen sakralen Zentralbau neben dem Berliner Dom entwarf er wiederum für Potsdam. Die Nikolaikirche ist eine Bürgerkirche, im Unterschied zu dem Berliner Geschwister, das dann gleich wieder eingerissen werden sollte, um dem überaus pompösen Gemäuer von Julius Raschendorff Platz zu schaffen.

»Die Havel, um es noch einmal zu sagen, ist ein aparter Fluß«, vermerkt Theodor Fontane in seinen Potsdamer Notizen. Im Folgenden treten entschieden mehr Bürgerliche auf als bei seinen Wanderungen durch die Mark Brandenburg sonst, wo es ihm, dem preußischen Adelsnarren, eben immer nur um die zahllosen Junker- und Generalsfamilien zu tun ist. Hier aber wird etwa ein Schwanenmeister vorgestellt, der die zweitausend weißen Vögel der Potsdamer Gewässer betreut und gelegentlich einfängt, damit man sie rupfen kann, oder die Frau Friedrich, Gemahlin eines ehemaligen Bühnenmeisters und späteren Maschinisten, der das Wasserwerk auf der Pfaueninsel betreibt. »Gute, glückliche Leute, loyal und frei. Frei. Da liegt's.«

Da liegt's. Bornstädt war zu Fontanes Zeit noch eine selbständige Gemeinde, aber schon damals galt der Bornstädter Friedhof den Potsdamern als ein hochgerühmtes Gelände, wegen der vielen Gräber von Prominenten aus ihrer Stadt. Der große Gartenarchitekt Lenné wurde da beigesetzt und ebenso der eitle, zänkische Hofnarr Friedrich Wilhelms I., Jakob Paul Gundling, der sich als Literat begriff und seine inneren Konflikte im Alkohol ersäufte. Der Soldatenkönig hatte ihn in der Nachfolge von Leibniz zum Präsidenten der preußischen Akademie der Wissenschaften gemacht. Als er dann tot war, setzte man ihn in einem Weinfaß statt einem Sarge bei. Vielen gilt er als ein Ahnherr und Prototyp des bürgerlichen deutschen Intellektuellen.

Irgendwann zur Mitte des 19. Jahrhunderts welkte in Potsdam die Bürgerlichkeit dann allmählich dahin, indes der Geist der preußischen Garnison immer mächtiger wurde. Anläßlich der Revolution von 1848 wurde bereits behauptet: »Berlin rebelliert. Potsdam pariert.« Dieses Urteil ist ungerecht. Zwar, in der Residenzstadt an der Havel mit ihren vielen Beamten und Militärs kam es nicht zu derart ausschweifenden Ereignissen wie in der aufmüpfigen Metropole mit ihren Märzgefallenen und der revolutionär erzwungenen Ehrbezeugung des Königs vor deren Särgen.

Immerhin gab es aber Maximilian Dortu, Sohn eines Potsdamer Justizkommissars, der die aufgebrachten Bürger und Arbeiter zumal des Arme-Leute-Dorfes Nowawes anführte, als sie die Anlagen der Eisenbahn Potsdam-Berlin demolieren wollten, zum Zeichen ihrer Empörung. Dortu floh nach Paris, noch später nach Baden, wo er schließlich von preußischen Truppen gefaßt, vor ein Standgericht gestellt und hingerichtet wurde. In der Potsdamer Innenstadt heißt heute nach ihm eine Straße.

Bürgerlichkeit in Potsdam. Der politische Flüchtling Theodor Strom ließ sich für eine Weile hier nieder, übrigens im Holländischen Viertel, und der letzte der großen Potsdamer Architekten, Persius, hat noch ein paar bemerkenswerte Bauten hingestellt, außer der Sacrower Kirche für Friedrich Wilhelm IV. das Pumpenhaus für die Fontänen von Sanssouci, entworfen im Stile einer maurischen Moschee, als eine höchst aparte Hülle für die Wassertechnik des Industriellen Borsig.

Es war nicht mehr so einfach, unterm Schatten der Hohenzollern ein bekennender Bürger zu bleiben, in Potsdam viel weniger als im geräumigeren Berlin. Am besten gelang es noch den Potsdamer Juden, was nicht so sehr durch ihre Standhaftigkeit bedingt wurde als durch die gesellschaftlichen Schranken, an die sie stießen. Die Hohenzollern mochten keine Antisemiten sein. Ihre Schranzen waren es durchaus.

Jüdisches Vermögen hatte es in Potsdam schon zu Zeiten der Schutzbriefe gegeben. David Hirsch und Isaak Wolf waren wohlhabende Textilfabrikanten, ebenso wie Isaak Joel, der seine Seidentapeten im Schloß Glienecke weben ließ, das ihm gehörte, lange vor Ferdinand von Arnims prächtigem Umbau.

In den napoleonischen Kriegen erwiesen sich die Potsdamer Juden als brave deutsche Patrioten. Kultisches Silbergerät wurde zum Einschmelzen geschickt. Man entrichtete so seine Abgaben für Preußens Armeen. Der Potsdamer Jude Markus Liebmann starb als Freiheitskämpfer.

Fast hat es den Anschein, daß der preußische Hof durch solche Zeichen vaterländischer Gesinnung zu beeindrucken war. Am 11. März 1812 erließ Friedrich Wilhelm III. auf Betreiben seines Staatskanzlers Hardenberg dann jenes Edikt, das den Juden in Preußen volle staatsbürgerliche Rechte gab.

Es erfolgte im Potsdam des 19. Jahrhunderts bald eine förmliche Explosion jüdischer Gelehrsamkeit, durch den Mathematiker Jacobi, durch den Physiker Jacobi, durch den Mediziner Hirschfeld, durch den Literaturwissenschaftler Engel, und ab der Jahrhundertmitte zeigt der kleine Potsdamer Judenfriedhof am Pfingstberg, gleich hinter der bizarren Russensiedlung Alexandrowka, seinen deutlichen Wechsel der Gedenksteine, von den traditionellen Stelen mit hebräischen Zeichen hin zu den ausladenden Erbbegräbnissen der Justiz- und Geheimräte, die gotische oder lateinische Lettern tragen.

Der Romancier Arnold Zweig hat in seinen Romanen über den Ersten Weltkrieg ein Portrait dieser Potsdamer jüdischen Bürgerlichkeit gezeichnet. Er erfindet (oder entwirft nach einem Original) die Familie Wahl, eingewandert aus Russisch-Polen, ursprünglicher Name Kagan, Gründer und Besitzer einer florierenden Geschäftsbank. Der Großvater und Firmensenior liest noch russisch und verschwendet viel heimliche Sehnsucht auf St. Petersburg. Der Sohn ist ein deutschnationaler Geschäftsmann von großbürgerlicher Arroganz.

Die Religion der Väter wird nur mehr äußerlich bedient. Viel lieber besucht man die Berliner

Theaterpremieren oder streitet sich über den neuesten Roman von Thomas Mann. Man zeichnet Kriegsanleihen, und nach Tisch – »Brühe mit Klößchen, ein Havelhecht, ein Rehrücken mit Cumberlandsauce, Käsetörtchen, Likör in der Veranda« – streckt man sich aus »in den Liegestühlen aus spanischem Rohr, in diesem behaglich hellen Raum hinter geschlossenen Glaswänden rauchend. Lässig hin und her ging ein Gespräch über die Schönheit der Stadt, einzelne ihrer Bauwerke, die köstliche Kuppel der Nikolaikirche, die energisch gegen den lichten Himmel gestellten Figuren auf den Steingesimsen des Stadtschlosses, das mächtige Geviert seines Hofes, die Treppe und die erlesene Anmut des kleinen Schlößchens Sanssouci.« Draußen sterben inzwischen Soldaten, an den Fronten in Frankreich und in Rußland, denn man befindet sich mitten im Herbst 1914.

Das Potsdam nach dem Ersten Weltkrieg hätte von verbitterten Beamten und dechargierten Offizieren nur so wimmeln müssen, doch erstaunlicherweise scheint dergleichen nirgends den Umriß einer konservativen Emeute angenommen zu haben. Dafür regte sich auf einmal wieder der schon so völlig verschüttete republikanische Bürgergeist.

Im holländischen Viertel unterhielt das radikalste Preßorgan der damaligen deutschen Demokratie, Siegfried Jacobsohns und Carl von Ossietzkys »Weltbühne«, ein Büro. Die prominenten Mitarbeiter der roten Heftchen, voran Kurt Tucholsky, hielten sich immer wieder gerne dort auf. Dann saß noch einer der avantgardistischen Buchverlage jener Jahre in Potsdam, der von Gustav Kiepenheuer, dessen Autor zum Beispiel Joseph Roth war, und einer seiner wichtigen Scouts und Lektoren wurde der aus Nürnberg stammende Literat Hermann Kesten.

Im nahen Caputh, einem reizenden Dörfchen, ließ sich der Nobelpreisträger Albert Einstein ein Sommerhaus errichten, durch den Architekten Konrad Wachsmann, der hierbei als einer der ersten in Deutschland das amerikanische Verfahren eines Bauens mit vorgefertigten Teilen in Anwendung brachte. Er sah darin eine natürliche Ergänzung von Ideen des Dessauer Bauhauses.

Einsteins Beziehung zu Potsdam wurde außerdem durch die praktischen Experimente zu seiner Allgemeinen Relativitätstheorie hergestellt. Eigens für sie errichtete der Architekt Erich Mendelsohn 1920 einen zwanzig Meter hohen Turm auf dem Potsdamer Telegraphenberg, ein überaus eindrucksvolles, ein aufregend avantgardistisches Bauwerk inmitten dieser ästhetisch sonst so konservativen Stadt.

Einstein, Jacobsohn, Tucholsky, Roth, Kesten, Wachsmann und Mendelsohn waren Juden. Immer noch scheint es, als sei die Potsdamer Bürgerlichkeit ein jüdisches Monopol gewesen. Freilich gab es da eben auch Peter Huchel, den Vertreter einer erneuerten Naturlyrik, in Vers und Wesen der Potsdamer Landschaft innig attachiert. Er war eine gleichermaßen sensible wie unbeugsame Natur, was er viel später, neuerlich mit Wohnung nahe Potsdam, die Kulturgewaltigen der DDR deutlich spüren ließ.

Wendische Heide, weißes Feuer,
du Bütte Gold und Mittagsspuk,
die Grille huschte, schrillte scheuer
am Stein, der keinen Schatten trug.

So beginnt ein frühes Huchel-Gedicht. Spätestens seit Fontanes Wanderungen waren die märkischen Grundmoränen in die zeitgenössische Mode gekommen, auch literarisch, bei verschiedenen Sagweisen zwischen Anspruch und Trivialität. Zu letzteren zählte zweifellos der bündisch bewegte Karl Blüher, der das Nuthetal nahe Potsdam durchstreifte und seine vaterländischen Visionen, homoerotisch durchsäuert, in überaus schlechte Prosa goß.

Ab 1933 verformte sich diese Welt dann endgültig. Die neue Synagoge, sie stand am Wilhelmplatz und hatte das Baujahr 1909, wurde 1938 geschändet und 1945 zerschossen. Eine weitere Zerstörung der alten Verhältnisse erfolgte dann infolge jenes alliierten Abkommens, das wiederum den Namen Potsdam trug. Die neue Ordnung begriff sich als antifeudal und antibürgerlich und schleifte weiter die noch vorhandenen Potsdamer Architekturen, aus ideologischem Vorsatz oder einfach aus Desinteresse und Schlamperei.

Geradezu paradigmatisch für die Denkmalspflege im deutschen Arbeiter- und Bauernstaat wurde der Umgang mit dem Holländischen Viertel. Das zerrottete und zerfiel immer mehr, bis man auf den Einfall kam, ein paar Vorzeigehäuser zu restaurieren und den Rest der Abrißbirne zu überantworten. Zum Glück bewirkte das Vorhaben einen so gewaltigen öffentlichen Protest, daß man innehielt. Bald darauf brach die DDR zusammen.

Das Holländische Viertel ist inzwischen ein bevorzugtes Spekulationsobjekt. Restaurierungsarbeiten gehen eifrig voran, blanke Messingschilder von Rechtsanwälten, Steuerberatern und Fachärzten blinken von den Fassaden. Andere Häuser tragen noch die schrillen Sgraffiti einer bohèmehaften Junge-Leute-Anarchie, und wo vorerst nichts als die Zeichen der Fäulnis herrschen, darf man auf die in den fünf neuen Bundesländern üblichen ungeklärten Eigentumsverhältnisse schließen.

Vergleichbares gilt auch für manche der bürgerlichen Villen. Das große Geld, das jetzt in die Stadt schießt, hat nicht in jedem Fall Ästhetik zur Folge, und der Bürgergeschmack ist nicht bloß im Zeichen von Erich Honeckers Realsozialismus verludert, sondern auch unter den politisch völlig andersgearteten Umständen des nahen Westberliner Zehlendorf und Dahlem.

Das spüren zumal die Bewohner des Ortsteiles Babelsberg, des einstiges Nowawes, heute vielfach der Ort erbitterter Grundbuchschlachten. Die enden dann gerne in neureichen Architekturplänen wie am Glienicker Horn, Potsdams

Canaletto-Blick, wo sich der wiedergewonnene Bürgersinn als ein pompöser Yachthafen mit postmoderner Maisonettenanlage darbietet.

Potsdamer Bürgerlichkeit wirkt noch am ehesten in dem alten Bürgerquartier zwischen Jägertor und Neuer Wache. In die meisten Nebengassen sollte man vorerst lieber nicht blicken, aber die Brandenburger Straße ist ein Boulevard, über den zu gehen eine Annehmlichkeit bedeutet, und dies nicht bloß wegen der Schaufenster, die hier viel kleiner und bescheidener ausfallen als in Einkaufsstraßen sonst üblich, sondern auch wegen der einen und anderen historischen Fassade.

> Doch da ich stürzte, barsten meine Lider,
> Und sehend bin ich jetzt, und hörend – ja,
> Und witternd neuen Kampf und neues Recht
> Und neues Denken . . .

So läßt Arnold Zweig einen seiner Romanhelden dichten. Man darf eine zutiefst bürgerliche Inspiration darin erkennen. Man möchte sie der tausendjährigen Stadt an der Havel als Maxime empfehlen, und wenigstens das Jüdische betreffend hat sie sich bereits erfüllt: Infolge der Erschütterungen und Migrationen des letzten Jahrzehnts ist die israelitische Gemeinde zu Potsdam, für ein Halbjahrhundert überhaupt nicht mehr existent, jetzt schon fast wieder so stark wie unmittelbar vor 1933.

Alte Ansichten

Die Lange Brücke besitzt eine sandsteinerne Balustrade mit barocken Profilen. Oberhalb ihrer Pfeiler stehen auf beiden Seiten Figuren, in regelmäßiger Reihe, und da wir uns einem seit langem auch militärisch bestimmten Gemeinwesen nähern, darf es uns nicht erstaunen, wenn wir sehen, daß sie den soldatischen Topoi der Region nachgebildet wurden: einem Grenadier aus der Zeit Friedrich Wilhelms I., einem Dragoner aus der Zeit des Großen Kurfürsten, einem Artilleristen aus der Epoche des ersten Königs Friedrich, einem friderizianischen Husar, einem Jäger, einem wilhelminischen Matrosen, einem Angehörigen des Garde-du-Corps.

Der Boden der Brücke wurde mit kleinen Pflastersteinen ausgelegt. Dicht neben der Balustrade verläuft in ihnen eine dünne dunkle Linie. Von den Bäumen am Havelufer, Pappeln und Eichen, sind die meisten entlaubt, wir schreiben Spätherbst, wohl Ende November, ein zäher Nebel steht über dem Fluß und verdeckt, außer dem Geäst der Bäume und Büsche, auch mitleidig ein pompöses Reiterstandbild Kaiser Wilhelms I., das sich genau auf der Brückenmitte befindet.

Die Lange Brücke eröffnet den südlichen Havelübergang nach Potsdam, von der Teltower Vorstadt her. Der älteste Übergang ist sie außerdem. Es gibt ihn spätestens seit dem 14. Jahrhundert, als ein immer wieder erneuertes Holzkonstrukt zunächst, das im Jahre 1825 endlich einem steinernen Bauwerk Platz machen darf. Die Anlage mit den Soldatenfiguren, deren Schöpfer Ernst Herter hieß, stammte aus den Jahren 1886/88 und trug fast ein Halbjahrhundert lang den offiziellen Namen Kaiser-Wilhelm-Brücke.

Bei Kriegsende 1945 wurde sie gesprengt. Zwischen 1958 und 1961 entstand ein Neubau, der heute noch seine Dienste versieht, der auf soldatische Figurationen völlig verzichtet und sich allen barocken Zierats enthält: ein breites, hellgraues, gesichtsloses Ding, befähigt, den auf Potsdam zurollenden Automobilverkehr aufzunehmen und weiterzuleiten und einer sonstigen Erwähnung nicht wert. Mit ihm verglichen war die Lange Brücke von 1888 eine Schöpfung von beinahe verschwenderischer Schönheit.

Wir dürfen das so sagen, obschon wir das Potsdam vor dem Bombenangriff vom 14. April 1945 aus eigenem Augenschein nicht gekannt haben. Wir berufen uns auf die Zeugnisse alter Photographien. Es gibt sie als angegilbte Postkarten, manche zart koloriert, mit kursiven elfenbeinfarbenen Inschriften an den Rändern. Es gibt sie als Abzüge von den in aller preußischer Akkuratesse hergestellten Bildplatten der Königlichen Meßbildanstalt. Es gibt sie als die mit nicht unbeträchtlichem ästhetischem Anspruch verfertigten Aufnahmen der Photographen Martin Hürlimann und Max Baur.

Sie gestatten Einblicke in eine Stadt, die so manchmal noch existiert, viel häufiger freilich nicht mehr. Unsere Augen scheinen begabt, auf das Unverhoffte empfindlicher zu reagieren als auf das Vertraute. In der heutigen Ödnis von Altem Markt und einstiger Breiter Straße suchen wir die von den alten Photographien suggerierten Umrisse der längst untergegangenen Bauten.

Wir suchen vergeblich. Die Bilder in ihrem chamoisgetönten Hell und Dunkel, manche mit grauen Stockflecken (samt dem zugehörigen Geruch), erzählen uns eine Herrlichkeit, der wir widerspruchslos zu glauben haben und um deren Verlust wir trauern müssen, zumal wir darin bestärkt werden durch die zahllosen eindringlichen Urteile über einen »der schönsten Festsäle der Architektur«, der dies einst gewesen sei. Das zitierte Wort stammt von Georg Hermann, dem jüdischen Berliner Romancier, Erfinder von Rosenemil und Jettchen Gebert, der als alter Mann vor den Nazis nach Holland floh und dennoch am Ende im deutschen Vernichtungslager Auschwitz umkommen mußte.

Ob er sich während seines niederländischen Aufenthaltes der holländischen Zitate des von ihm noch 1929 liebevoll beschriebenen Potsdam erinnert hat? Sie fanden sich nicht allein in den Reihenhäusern des Holländischen Viertels zu beiden Seiten der Mittelstraße, sondern außerdem zum Beispiel in einem Holländischen Lusthaus.

Eine Stadtbrache des Namens Bassinplatz existiert heute noch. Der Name verdankte sich einem einstigen Wasserbecken, das, nach der Trockenlegung des sehr sumpfigen Geländes, zur Zeit des Soldatenkönigs hier angelegt wurde. Über einen Kanal stand das Bassin in direkter Verbindung mit dem Heiligen See, und auf einer Insel in seiner Mitte errichtete Johann Boumann, der Architekt des Holländischen Viertels, im Jahre 1739 auf königliche Anordnung hin eine Gloriette.

Im Verlauf der folgenden anderthalb Jahrhunderte ist das Bassin allmählich verschlammt, um schließlich ganz zugeschüttet zu werden, so daß von ihm nichts als der Name verblieb. Das Lusthaus stand noch bis 1945. Es mußte dann abgetragen werden, da an gleicher Stelle ein sowjetisches Ehrenmal zu errichten war: als hätten die beiden Einrichtungen nicht nebeneinander Platz gehabt.

Wir besitzen von der Gloriette nurmehr Max Baurs Aufnahme. Sie zeigt ein anmutiges einstökkiges Gebäude, auf quadratischem Grundriß, Preußenadler über den Eingängen, hohe Fenster mit weißen Sprossen und hölzernen Läden, barocke Gauben wachsen aus dem geschwungenen Dach, der Dachreiter läuft spitz aus. Belaubte Zweige hängen ins Bild, an Blättern und Früchten sind sie als solche der Winterlinde, *Tilia cordata*, zu erkennen.

Das niederländische Barock war im alten Potsdam eine Art architektonisches Grundmuster, so wie die Chinoiserien, die künstlichen Ruinen und Grotten oder, später, die Fassaden im backsteingotischen oder im Tudorstil. Das Holländische

Ensemble im Neuen Garten, 1790 geschaffen, bildete eine Art aristokratische Antwort auf das bürgerliche Viertel des Johann Boumann. Der alte Stadtkanal muß die Ähnlichkeiten mit Amsterdam oder Leyden geradezu zwingend gemacht haben.

Die DDR ließ ihn zuschütten. Nur noch ein Straßenname bezeugt ihn: Am Kanal. Max Baurs Foto zeigt schwarze barocke Eisengeländer und schmale Brücken. Roßkastanien senken ihre Äste tief über den Wasserspiegel. Auf der Kanalmitte schwimmt ein Schwanenpaar und hinterläßt schräge Wellenlinien. Am Rande, dessen Einfassungen man sich als graubraunen, von schwärzlichen Algen besetzten Backstein denken darf, wurde ein hölzerner Ruderkahn vertäut.

In einer Luftaufnahme von 1919 ist das Ensemble von Stadtschloß und Barberini-Palais zu erkennen. Zusammen mit dem alten Rathaus und der Nikolaikirche konstituierten sie den Alten Markt, der ein stadtarchitektonischer Raum von außerordentlicher Schönheit gewesen sein muß: »ganz unkriegerisch Rokokowelt«, wie der Journalist Ludwig Sternaux in expressionistischem Überschwang rühmte, »Welt zum Lustwandeln, von Vergangenheitsodem überhauchter Gefühlsbezirk«.

Dieses Schloß erhielt seine endgültige Gestalt durch König Friedrichs II. Freund und Architekten Wenzeslaus von Knobelsdorff. Die Flügel umschließen einen fast quadratischen Innenraum. Das vorgewölbte Halbrund des bereits durch

Jean de Bodt errichteten Portals wird von einer Kuppel überwölbt, auf deren hochgezogener Spitze leichtfüßig die Figur der Fortuna steht. Sie begreift sich wohl auch als eine Antwort auf die kupfergoldene Statue des Atlas, über der Kuppel des im palladianischen Stile errichteten Alten Rathauses.

Das Stadtschloß war im letzten Krieg schwer beschädigt worden, so wie seine Berliner Geschwister, und ähnlich diesem wurde die durchaus noch reparable Ruine von Walter Ulbrichts Arbeiter- und Bauernherrschaft abgetragen, um Platz zu schaffen für eine der ödesten Freiflächen aller ostdeutschen Innenstädte. Die vor der Sprengung noch sichergestellten Steinfiguren haben später jahrelang auf einer Freifläche vor sich hingefault.

Der wiederhergerichtete Marstall wirkt heute zu alledem wie eine peinliche Entschuldigung. Die Kolonnaden, die ihn einst mit dem Schloßkomplex verbanden, sind noch in ein paar melancholischen Resten vorhanden, auf dem Gelände des Nobelhotels, das sich die DDR einmal als Devisenschuppen errichtet hat und das inzwischen einen französischen Konzernnamen trägt.

Durch die korinthischen Säulen dieser Kolonnaden hindurch photographierte Martin Hürlimann die Gartenseite des Stadtschlosses mit ihrer Freitreppe und ihren vielen antiken Statuen. Der hohe barocke Turm, der zwischen zwei Säulen in der Ferne steht, gehört der Garnisonkirche. Sie war einer von drei durch den Soldatenkönig

Friedrich Wilhelm in Auftrag gegebenen Sakralbauten, St. Nikolai und Heiligengeist hießen die beiden anderen. Heiligengeist besaß einen ähnlich hohen Barockturm wie die Garnisonkirche, mit der zusammen sie dann auch das Schicksal teilte, im Krieg schwer beschädigt und von der DDR endgültig geschleift zu werden.

Nur die von Unger erbauten Predigerhäuser gibt es noch. Die Türme von Heiligengeist- und Garnisonkirche markierten einmal die Potsdamer Stadtsilhouette. Außer den alten Photographien erzählt davon nichts mehr.

Heiligengeist stammte von den Baumeistern de Gayette und Grael. Die Garnisonkirche war das Werk von Philipp Gerlach, dem Hofbaumeister des Soldatenkönigs. Martin Hürlimann nimmt sie auf, indem er sich hinter die beiden Obelisken des Neustädter Tores stellt. Die zwei Preußenadler auf den Spitzen der nachgeahmten altägyptischen Stelen blicken komisch hinüber zu dem Wetterhahn auf Philipp Gerlachs Turm. Die Breite Straße, die vom Tor bis hin zur Kirche führt, ist eine kunstvolle architektonische Anlage von großer Anmut. Gegen den sehr blassen Himmel zeichnet sich als scharfer Umriß das Glockenspiel des Holländers Jan Albert de Grave ab, dessen berühmte Signale insgesamt achtmal jede Stunde erklangen, darunter das Mozartmotiv »Üb immer Treu und Redlichkeit« und der Choral »Lobet den Herrn«.

Als der Gerlachbau 1732 eingeweiht wurde, ließ Friedrich Wilhelm nach jeder Strophe des gesungenen Chorals eine Kanonensalve abfeuern. Dieses Bauwerk diente eindeutig einem Gott, der Eisen wachsen ließ, und für Preußens Militär und Militarismus blieb es fortan das hochaufragende Symbol.

Die ursprüngliche Innenausstattung war betont einfach gehalten. Sie wollte die durchaus spartanischen Grundsätze dieses Staates und seines stehenden Heeres mit gottesdienstlichen Mitteln wiederholen. Max Baurs Aufnahmen weisen dann bereits die üppigen neobarocken Zutaten vor: adlergeschmückte Fahnenkörbe, geharnischte Figuren, so angebracht erst unter dem Regiment des letzten regierenden Hohenzollern und gedacht, ein auch im Zivilisatorischen gänzlich verändertes Selbstverständnis zu verdeutlichen.

In der Gruft stehen nebeneinander, zwei Schritte leeren Raums zwischen sich, die Sarkophage von König Friedrich II. und seinem Vater. Max Baurs Bild zeigt die Ansammlung der erbeuteten Fahnen, die vielen aufgestellten Kränze mit dekorativen Schleifen. Die Namen der zu feierlichem Anlaß erschienenen Besucher dieses Ortes nannten früher die Potsdamer Hagiographen: Königin Luise, Zar Alexander, Napoleon, Hindenburg, Hitler.

Eine Aufnahme Baurs zeigt die zertrümmerte Garnisonkirche nach dem Krieg. Die Kanzel ein leer aufragendes Ungetüm, zerborstene Säulen, darüber ein grotesker Baldachin, dessen ornamentale Einzelheiten bloß verkohlter Schutt sind. Der Eingang zur Gruft, genau darunter, ist eine dunkle Öffnung, einem weit aufgerissenen Mund ähnlich: leere Grimasse der Drohung und der Trauer.

Der Potsdam-Photograph Martin Hürlimann, verheiratet mit der Potsdamer Verlegertochter Bettina Kiepenheuer, gründete 1930 ein eigenes Editionshaus für seine Arbeiten. Er nannte es Atlantis-Verlag. Er hatte einen prophetischen Namen gewählt. Atlantis hieß jene von Platon beschriebene Siedlung, deren jäher Untergang eine vergebliche Warnung und deren einstige Existenz ein immer unwirklicher werdender Mythos war.

Poztupimi

Die erste Erwähnung datiert auf den 3. Juli 993 und findet sich in einer Schenkungsurkunde, ausgefertigt von Kaiser Otto III., der damals ein dreizehnjähriges Kind war. Er sah sich zunächst unter die Fuchtel seiner byzantinischen Mutter Theophano gestellt und später, ab 991, unter jene seiner Großmutter Adelheid. Von der Schenkung begünstigt wurde eine seiner Tanten, Mathilde, Äbtissin in Quedlinburg. Weder sie noch der Kaiser kannten den Ort an der Havel aus eigener Anschauung. Sie würden ihn auch später nicht besuchen.

Die Ottonen kamen aus sächsischem Fürstenhaus. Das östliche Mitteleuropa war eine ihrer traditionellen Interessensphären, Magdeburg ein Mittelpunkt ihrer Regentschaft. Urgroßvater Heinrich der Vogler residierte vor seiner Wahl zum deutschen König in Quedlinburg, wo er sich später auch begraben ließ. Quedlinburg war eine Befestigung hinter der entlang den Flüssen Elbe, Saale und Unstrut verlaufenden Grenze zu den Wenden.

Als westliche Stämme des Volkes der Slawen waren sie seit dem Beginn des Mittelalters in die durch die Völkerwanderung entleerten Räume zwischen Elbe und Oder eingewandert und dort seßhaft geworden. Die frühesten Zeugnisse ihrer geschichtlichen Existenz sind eher undeutlich, ihr Name, *Vanaeta* oder *Veneti*, geht auf römische Autoren zurück. Die ältesten Auskünfte über sie stammen von Klerikern wie Thietmar von Merseburg und Widukund von Córvey, daneben von einem arabischen Reisenden, Ibrâhîm ibn Ja qûb oder Abraham Jakobson, der sich 973 bei der Gesandtschaft des Kalifen von Córdoba am Hof des ersten Sachsenkaisers aufhielt. Die ausführlichste Schilderung würde später Helmold von Bosau verfassen, in einer förmlichen Slawenchronik. Sie sollte freilich erst zwischen 1167 bis 1172 entstehen.

»So bauen die Slawen die meisten ihrer Burgen«, schreibt Jakobson. »Sie gehen zu Wiesen, reich an Wasser und Gestrüpp, stecken dort einen runden oder viereckigen Platz ab nach Form und Umfang der Burg, wie sie sie beabsichtigen, graben ringsherum und schütten die ausgehobene Erde auf, wobei sie mit Planken und Pfählen nach Weise der Bastionen gefestigt wird, bis die Mauer die beabsichtigte Höhe erreicht.«

Burgen waren die üblichen Fluchtorte der Dorfbewohner. Im Herstellen von Fortifikationen erlangten die Westslawen eine beträchtliche Fertigkeit, und die von Jakobson erwähnte Bevorzugung sumpfigen Geländes ist im gesamten Ostelbien nachweislich, durch Grabungsfunde und durch die großen Erdwälle, die sich etwa in Mecklenburg bis heute erhalten haben. Zugänge bestanden aus Bohlenwegen, die sich notfalls einholen ließen.

Die Wenden waren Acker- und Viehbauern, Jäger und Fischer. Den Dörfern stand ein Ältester vor, der Starost. Es existierte eine den deutschen Ministerialen vergleichbare Kriegerkaste. Regionen schlossen sich zusammen zu Gauen, mit einem Supan als Fürsten. Handelsplätze konnten sich zu stadtähnlichen Siedlungen erweitern. Die Priester zelebrierten in großen Tempelanlagen eine Naturreligion mit einem Lichtgott und seinem Widerspiel, dem Herrn der Finsternis.

Was dann im 12. und 13. Jahrhundert als deutsche Ostkolonisation einen politischen Höhepunkt fand und wofür der Kleriker Helmold mit seiner Historiographie eine Art ideologischer Begründung schuf, hatte eine mehrhundertjährige Vorbereitung erfahren, mit immer neuen Versuchen einer Eroberung und mit zunächst immer wiederkehrenden Rückschlägen.

Die Anfänge gingen bis auf den ersten Sachsenkaiser Otto zurück. Dessen Markgraf Gero, ihm war die Stiftung der romanischen Kanonissenkirche Gernrode am Nordharz zu danken, eroberte um 945 die wendischen Territorien an der Havel, wo er zwei Bistümer gründete. Sie gingen während eines Wendenaufstandes im Jahre 983 wieder verloren. Die Schenkung des Locus Poztupimi durch Otto III. zehn Jahre später, vorgenommen innerhalb der eigenen Sippe, war eine bloß optative Handlung. Sie sollte einen Herrschaftsanspruch der Ottonen festschreiben und religiös unterfüttern.

Als Otto erwachsen war, fuhr er in dieser Taktik fort, indem er die Gründung des Bistums Gnesen betrieb. Er wollte damit dem beginnenden Zusammenschluß westslawischer Stämme zwischen den Flüssen Oder und Weichsel eine christliche Bastion entgegenhalten, die Sache war außerdem als Herausforderung an das päpstliche Rom gedacht. Die Entstehung einer ersten polanischen Großherrschaft unter dem Fürsten Boleslaw Chrobry konnte dies gleichwohl nicht verhindern.

Die Territorien der nachmaligen Mark Brandenburg mit ihrer überwiegend slawischen Bevölkerung waren hierbei Durchzugsgebiet so gut wie Manövriermasse. Das vom kindlichen Kaiser Otto 993 verschenkte Poztupimi im Gebiete der wendischen Heveller hatte seine Burg, die eben dort stand (und auch der Name Burgstraße machte darauf aufmerksam), wo sich später die Heiligengeistkirche befand, als eine militärische Kontrollstation für den Wasserverkehr auf Havel und Nuthe.

Endgültig zum deutschen Besitztum wurde mitsamt allem Brandenburg auch Potsdam erst im 12. Jahrhundert, durch die Besiedlung von aus Westfalen stammenden Kolonisten. Der Vorgang vollzog sich genau zeitgleich und völlig entsprechend der Germanisierung des unmittelbar nördlich gelegenen Mecklenburg, und was dort Welfenherzog Heinrich der Löwe leistete, geschah an Spree und Havel durch den Askanier Albrecht, genannt der Bär.

Wichtigster zivilisatorischer Vorteil der deutschen Kolonisten war die Institution der Stadt. Die Wenden kannten dergleichen nicht. Die Stadt bot einen autonomen Raum für Recht und Kommerz, für Handel und Handwerk, sie hatte ihre eigene Gesetzlichkeit und Freiheit. Am deutlichsten geschah dies in den freien Städten, von denen sich manche dann zum supranationalen Bündnis der Hanse zusammenschlossen. Deren Einfluß reichte auch vielfach ins Brandenburgische hinein.

Potsdam wurde Stadt ums Jahr 1317. Sehr groß und eindrucksvoll kann sie nicht gewesen sein, aber welche der anderen märkischen Städte war das schon? Man rechnet mit anderthalbtausend Einwohnern, im Höchstfalle, alles kleine Handwerker und Ackerbürger, der große Reichtum mittelalterlicher Städte kam aus dem Fernhandel, den es in Potsdam nicht gab.

Die Askanier bauten auf den Gründen der slawischen Burg eine neue Befestigung. Der Ort blieb Zankapfel bei den Beutezügen und Fehden der märkischen Adelssippen. Die, was allein ihre Namen auswiesen, waren überwiegend von altwendischem Herkommen, wie die Quitzow, Rochow und Zitzewitz, und benahmen sich nicht anders als der heruntergekommene Kleinadel anderswo im Land: als Wegelagerer, Raubritter und Schlagetote.

Die Askanier wurden abgelöst durch Wittelsbacher und Luxemburger, schließlich durch Hohenzollern. Residenz war Berlin. Potsdam blieb ein elender Flecken, wie Beelitz oder Treuenbritzen, »von mäßiger Ausdehnung mit häßlichen Häusern, meist aus Lehm«, so 1561 der Reisende Fulgentius Ruggieri aus Bologna, und war zu erreichen »über niedrige Hügel meist unkultivierter Heide und sumpfiges Gelände, wo die Pferde oft bis an den Bauch versanken«. Der Italiener resümiert: »Die Mark ist überall sandig und deshalb wenig fruchtbar und meist ganz flach, mit nur wenigen niedrigen Hügeln inmitten unabsehbarer Niederungen mit vielen Gewässern, die sehr fischreich sind.« Es folgt noch ein geradezu paradigmatischer Satz: »In der Mark gibt es häßliche Frauen und viele Gänse, die fliegen können.«

Genau hundert Jahre später verzeichnet der Ulmer Topograph und Matthäus-Merian-Mitarbeiter Martin Zeiller von den mehr als fünfzig überlieferten und teilweise kraß unterschiedlichen Schreibungen des Stadtnamens gleich drei: Potstamb, Postain, Potzten. Was er übrigens bedeuten soll, bleibt bis heute umstritten, die Erklärungen reichen von Pozdupimi = Unter den Eichen, so Berlins Aufklärer Friedrich Nicolai, bis zur Ableitung von einem Personennamen, Podstub, angeblich erster Burgherr der Siedlung.

Zeiller notiert noch: »Alhie ist ein Churfürstlich Hauß und Ampt.« Am 7. Mai 1631, so der Topograph, habe die Schwedische Armee im Potztambischen ein Lager gehabt. Damit finden auch die eben überstandenen Verheerungen des Dreißigjährigen Krieges ihre Erwähnung, da die Stadt fast unterging: 1631 war das Jahr des »Potsdamer Sterbens« gewesen, 18 Geburten auf 471 Todesfälle, verursacht durch Hunger, Brandschatzung und Pestilenz.

Der Ort kam davon. 1680 reiste Constantin Huygens aus den im großen Krieg nicht nur verschont gebliebenen, sondern darin auch reich und fett gewordenen Niederlanden nach Potsdam: »dessen Anblick sehr angenehm ist«. Er weilte zu Besuch bei Kurfürst Friedrich Wilhelm. Der hatte unterdessen seine Residenz hier genommen, und Huygens beschreibt getreulich die zahlreichen Kunstwerke, auf die er trifft, darunter Arbeiten von Lucas Cranach und Peter Paul Rubens. Auf der Havel schwimmt ein Lustschiff vorüber und schießt Salut. Beim Abendbrot werden Gläser benutzt, die wie venezianisch sind, aber in Potsdam geschliffen wurden.

Das Schicksal der Stadt hatte sich entschieden. Ohne die einschlägigen kurfürstlichen Maßnahmen wäre es wohl ein armseliges märkisches Nest geblieben, wie Rathenow, Neuruppin oder Luckau. So wurde es zu einem märkischen Versailles.

Arkadien

Es scheint eine Art Naturgesetz zu sein, daß regierende Dynastien in ihrer gesamten, manchmal jahrhundertlangen Herrschaftszeit nur immer ein einziges wirkliches Genie hervorbringen können, nicht viel mehr und selten weniger.

Die Hohenzollern haben in Brandenburg-Preußen ziemlich genau fünfhundert Jahre regiert. Das Genie der Sippe war ohne jeden Zweifel Friedrich, als Preußenkönig zweiter seines Namens, mit den Herrschaftsdaten 1740 bis 1786.

Er ist eine der am meisten beredeten Personen der deutschen Geschichte geworden, immer umstritten, geschmäht, bewundert, verehrt, verachtet, wobei diese gesamte Widersprüchlichkeit ein getreuer Spiegel seines Charakters, seines Lebens und seiner Leistungen war. »Ausgebrannt, öde und bös, liebte er niemanden, und niemand liebte ihn, sondern sein königliches Dasein bildete einen lastenden, entwürdigenden Druck für die Welt.« Schrieb Thomas Mann, der durchaus zu den Fridericus-Bewunderern gehörte, und da dieser Romancier niemals literarisch rühmen konnte ohne autobiographischen Rückbezug, verbreitete er sich besonders ausführlich über des Preußenkönigs Verdauungsbeschwerden, in denen er die eigenen wiedererkannte.

Friedrich hat für Potsdam viel geleistet. Dies

war eines der durchweg angenehmen, weil ganz friedfertigen Ergebnisse seiner Existenz. Manche wähnen selbst hier den Ausfluß von üblem Hedonismus, während die anderen bloß ein komplementäres Tun zu Friedrichs übrigen Handlungen darin erblicken: eines notwendiger Ausdruck des anderen und beides extraordinär.

Ein wenig Ausdruck von schlechtem Gewissen scheint freilich mitzuschwingen, wenn die Resultate des Potsdamer Schloß- und Städtebauers Fridericus die Schrecknisse von drei Schlesischen Kriegen entschuldigen, wo nicht rechtfertigen sollen. »Wer die Stadt als Gesamtkunstwerk wollte, bis hin zu der Auflage an biedere Bürger, auf Kosten des Königs anständige Fassaden zu bauen«, schreibt ein konservativer Historiker unserer Tage, Michael Stürmer, »dem war auch zur politischen Wirklichkeit ein kühnes, ja souveränes und insofern gänzlich außeralltägliches Verhältnis zuzutrauen.«

Der liebenswürdige Borussennarr Wolf Jobst Siedler sieht dann Friedrich gleich als Kulmination alles Preußischen und Potsdam als Kulmination alles Friderizianischen: »Friedrich war der Anfang und das Ziel Preußens«, heißt es, und: »Nur zur Zeit des großen Königs ist die liebliche, von den Wassern der Havel umspielte Kleinstadt Bewegung der Geschichte... Diese Prägung ist so tief und nachhaltig gewesen, daß Potsdam bis in die Tage des Untergangs hinein die Stadt Friedrichs bleibt.« Potsdams eigentliche Zeit, wie beide Autoren völlig übereinstimmend behaupten, liege zwischen 1740 und 1860.

Liebe macht blind, Schwärmerei macht ungerecht. Zu den auffälligen Resultaten des Potsdamer Bauherrn Friedrich gehört auch das Neue Palais, ein kalt-pompöses, höchst unwirtliches Herrschaftsgemäuer, zu dessen ästhetischem Ruhm sich kaum eine Feder rühren mag.

Das Gesamtkunstwerk Potsdam (um den mißverständlichen Richard-Wagner-Terminus zu übernehmen) ist, wie fast alle geglückten Stadtarchitekturen, nicht das Werk einer einzelnen Generation und schon gar nicht das eines einzelnen Menschen. Es ist gewachsen, über Jahrhunderte hinweg, entstanden durch fortwährende Veränderungen an Geschaffenem, die ihrerseits Veränderungen aushalten mußten und das vermochten. Geglückte Städte sind Organismen nicht nur ihrer Funktion, sondern auch ihrem Wachstum zufolge, wogegen die in einer singulären Gewaltanstrengung hervorgebrachten urbanen Entwürfe steril bleiben und den Geschmack des Synthetischen nur schwer verlieren können, der Name laute nun Karlsruhe oder Brasilia, Miami oder Eisenhüttenstadt.

Bei Regierungsantritt des Kurfürsten Friedrich Wilhelm, der später zuweilen den Beinamen eines Großen erhielt, lebten von den einst zweitausend Einwohnern Potsdams eben noch 800, man befand sich in der Endphase des Dreißigjährigen Krieges. Die Stadt war verpfändet, an einen habgierigen Adeligen namens Hacke. Mitsamt seiner Familie hockte er im Schloß, das, anstelle der mehrfach umgebauten Burg, unter der Gemahlin des Kurfürsten Joachim Friedrich erstmals Gestalt und Ausmaße eines repräsentativen Herrschaftssitzes anzunehmen begonnen hatte, mit einer Kunstsammlung und einem Lustgarten.

Dies geschah ums Jahr 1600, zur Zeit der ausgehenden Renaissance, die zum Beispiel beim Artillerieschießen zu so gewaltigen technologischen Fortschritten fand, daß es gleichermaßen die Durchschlagskraft beförderte wie die Reichweite. Burgen als traditionelle Verteidigungsanlage wurden jetzt obsolet. Dafür gab es die Festung, ausgestattet mit enormer Schutzmauer und mit Glacis: jenem dem Wall vorgegebenen Leerraum, den die feindlichen Kanonenkugeln erst einmal überwinden mußten, was ihre Brisanz und Treffsicherheit erheblich minderte.

Für einen einzelnen Familiensitz waren solche Fortifikationen zu aufwendig. Sie blieben der Stadt vorbehalten oder jedenfalls einer größeren Ansiedlung. Der Adelshort konnte sich da inmitten befinden oder außerhalb, entblößt aller funktionellen Wehrhaftigkeit, die er jetzt allenfalls noch zitierte, als Dekor. Er wurde zur bloßen Wohnanlage. Der Name Palast leitete sich von Palas ab, so hieß in den alten mittelalterlichen Burgen der Wohntrakt.

Ein Grundsatz höfischen Wohnens im Zeitalter des Barock war die Repräsentation. Nicht nur die Merkmale einstiger Wehrhaftigkeit veräußerlichten sich zum Zierat. Eine gesamte Ikonographie von herrscherlicher Macht überwucherte die Gebäudemauern, bewirkte Portale, Fassaden, Treppen, Kolonnaden, schuf Schauwert und Augenweide, deren Zweck nichts war als sie selbst: Zeichen des vorgetäuschten oder tatsächlichen Reichtums und der von daher ableitbaren Größe.

Der märkische Kurfürst Friedrich Wilhelm ließ die vergleichsweise kümmerliche Schloßanlage in Potsdam schleifen. Die Hackes hatte er zuvor daraus entfernen können, 1660. Der Kurfürst ließ sich eine größere und prächtigere Anlage errichten, durch seine Baumeister Memhard, de Chièze und, vor allem, den bedeutenden Johann Arnold Nering. So entstand jenes Schloß, das dann die respektvolle Bewunderung des niederländischen Reisenden Constantin Huygens erregen sollte.

Friedrich Wilhelm verlegte seine Residenz nach Potsdam. Es war in die europäische Mode gekommen, die bisherige Hauptstadt zu fliehen, um statt dessen einen nahe gelegenen Ort überschaubaren Zuschnitts zu küren und sich herzurichten ganz nach dem eigenen Geschmack. Für deutsche Fürsten mochten dabei vielleicht noch Erinnerungen mitwirken an jene frühen Epochen der Nationalgeschichte, da die Könige immer nur von einer Pfalz zur nächsten zogen. Vor allem jedoch gab es das maßstäbliche und alles Europa blendende Beispiel der französischen Bourbonen, die sich erst den Herrschersitz Fontainebleau zugelegt hatten und jetzt dabei waren, Versailles zum imposanten Modell einer absolutistischen Königsstadt umzugestalten.

Auch der märkische Kurfürst eiferte dem nach, wiewohl er doch mit Frankreich vielfache politische Konflikte austrug, bis hin zum Krieg. Als listiger Affront gegen Frankreich verstand sich, unter anderem, jener Erlaß von 1685, mit welchem den vom Sonnenkönig verjagten Hugenotten Zutritt gewährt wurde zum Brandenburgischen und das ganz richtig den offiziellen Namen Edikt von Potsdam erhielt, in höhnischer Analogie zu Henri Quatres Toleranzpatent von Nantes aus dem Jahre 1598.

Der Sohn Friedrich Wilhelms war jener eitle Fürst, den die Berliner den »schiefen Fritz« nannten, denn er war verwachsen. Seine etwas anfechtbare politische Leistung bestand darin, sich aus eigener Vollkommenheit zum König gekrönt zu haben. Seinem Vorgänger durfte er noch als Kind bestätigen: »Mein Herr Vatter hat Potsdam sehr lieb. Es ist auch ein lüstiger ohrt. . .« Er selber residierte lieber in Berlin, wo er sich durch seinen Baumeister Andreas Schlüter das Stadtschloß zu einer grandiosen Anlage umgestalten ließ. Potsdam blieb für ihn das Ziel gelegentlicher sommerlicher Ausflüge und das dortige Schloß bloß eines von vielen im Land. Immerhin ließ er ihm aus Anlaß seiner Königskrönung das Fortunaportal anfügen.

Anders sein Sohn, der seine Amtsgeschäfte dann überwiegend wieder von Potsdam aus betrieb. Friedrich Wilhelm I. hat für die Stadt fast soviel geleistet wie später Friedrich, sein Ältester. Die drei barocken Kirchen wurden gebaut, das Militärwaisenhaus und die Schulgebäude in der Nauener Straße. Der König holte die Holländer ins Land und errichtete ihnen das bekannte Quartier, und ebenso wie die Tuchmanufakturen förderte er den Pietismus seines hallischen Untertanen August Hermann Francke.

Den Lustgarten des großväterlichen Potsdamer Schlosses ließ er zu einem Exerzierplatz planieren. Auch die restliche Stadt wurde unter ihm zu einer *alma mater militaris*: Er holte sich Soldaten von überall her, wo seine Werber erfolgreich unterwegs waren, und das ging so bis hin nach Portugal. Er ließ die Männer drillen, daß sie solcher Quälerei zu entfliehen trachteten, woran die Wälle und Palisaden der Potsdamer Stadtbefestigung sie aber hinderten. Wer gleichwohl die Flucht probierte und gefaßt wurde, mußte Spießruten laufen, wurde gerädert oder aufs Schafott gebracht, geleitet von einem Geistlichen, der hernach zwölf Flaschen königlichen Weins als Honorar erhielt.

Der König war ein schwerer Choleriker mit fast pathologischen Neigungen zum Spartanismus. Er verhielt sich zugleich rechthaberisch und tolerant, war durchaus gebildet und besaß einiges Talent im Zeichnen. Er frönte besessen dem Militärtick, Potsdam ist seither Garnison, aber er hat niemals Krieg geführt und warnte selbst seinen Nachfolger, dergleichen zu tun. Sein immer mehr anwachsendes Heer beschäftigte deswegen bloß Tuchweber, für die Uniformen, und wallonische Mechaniker, für die Gewehre.

Dies alles geschah zum höheren Nutzen des preußischen und zumal des Potsdamer Merkantilismus. Unter Friedrich Wilhelms Herrschaft wuchs die Stadt auf das Fünffache ihres einstigen Umfangs. Viele der zuletzt 1163 Häuser wurden für die Familien der hier stationierten Soldaten gebaut.

Er selbst ließ sich für Zwecke der Entspannung zwischen 1730 und 1732 das Schloß Stern errichten, ein bescheidenes Häuschen im holländischen Stil, von wo aus er den brutalen Vergnügungen der Parforce-Jägerei nachging und hinterher, so jedenfalls weiß es die Legende, höchstselbst hinter dem Kochherd stand, um für sich und seine Kumpane das Essen zu bereiten. Seine Vorzugsspeise war die Erbsensuppe.

Durch seine Aversion gegen allen Protz und Prunk gelang ihm die Sanierung der durch den schiefen Fritz gründlich ruinierten Staatsfinanzen, und neben seinen Grenadieren unterhielt er ein Heer von Zöllnern und Steuereintreibern. Den Kronprinzen unterwarf er allerlei scheußlichen Torturen, um aus einem weibischen Schöngeist mit Hang zum Luxus einen preußischen General zu machen, was ihm in der Tat auch gelang.

Es erfolgte um den Preis schwerer seelischer Deformationen. Friedrichs Misanthropien sind in vielem das Produkt einer Erziehung, die von Pädagogik und Psychologie wenig wußte und gar nichts hielt, trotz aller durch den geschätzten August Hermann Francke gemachten Erfahrung. Methode war die Zucht, und Zuchtmittel war die Rute.

Friedrich II. übernahm von seinem Vater dann

nicht bloß das Heer, das er umgehend in den ersten seiner mörderischen Kriege führte, sondern außerdem die lebenslange Vorliebe für die Residenzstadt Potsdam.

Er ließ bauen. »Friedrich hat eben nur Knobelsdorff«, schreibt, fast entschuldigend, Wolf Jobst Siedler, »es fehlt ihm ein Pöppelmann, Balthasar Neumann oder Fischer von Erlach.« Die Entschuldigung ist überflüssig, und ihre Begründung ist falsch: Die drei von Siedler genannten Architekten bauten in katholisch-gegenreformatorischer Umgebung und also in voller Übereinstimmung mit dem Geist des Barock, wogegen die Baumeister der Hohenzollern eine hagere Calvinistensiedlung zu bestücken hatten. Gerlachs preußischer Barock und Knobelsdorffs preußisches Rokoko sind ästhetische Leistungen *sui generis*, und es schmälert nicht das Genie dieser Männer, wenn ihr Budget soviel schmaler bemessen war als das ihrer Gevattern in Dresden und Wien.

Friedrich ließ das Potsdamer Stadtschloß in seine letztgültige Form bringen und den vorübergehend seinem Zweck entfremdeten Lustgarten in Teilen reaktivieren. Der Alte Markt erhielt mit den Neubauten von Rathaus, Predigerhaus und Barberini-Palais, das eigentlich die architektonische Vereinigung zweier Bürgerhäuser war, seine nachmalige Fasson: die einer Place oder Piazza aus lateinischem Herkommen, mithin die eines künstlich und künstlerisch gestalteten städtischen Leerraumes.

Am 14. April 1745 wurde der Grundstein zu Sanssouci gelegt, Friedrichs persönlichster architektonischer Schöpfung. Das Schlößchen auf dem Weinberg gilt vielen als Juwel alles Potsdamer Bauens, und mit seinem Park würde es zugleich Potsdams künftige Karriere als Gartenstadt eröffnen.

Sanssouci ist ein vergleichsweise einfaches Gemäuer, gerade neun Räume, alle von eher bescheidener Abmessung, und trotz Knobelsdorffs Einwand eben auch ohne Keller: Der König wollte direkt aus dem Haus ins Freie treten können. Die erstrebte Nähe zu Natur und Landschaft, die sich darin mitteilt, lag völlig in der Stimmung der Zeit. Dabei wurde beides, Natur wie Landschaft, zunächst immer bloß als Gegenstand einer alles normierenden Künstlichkeit begriffen. Das Schlüsselwort hierfür lautet: Arkadien.

Eine reale Provinz dieses Namens gab und gibt es in Griechenland, im inneren Peleponnes, als ein verkarstetes Gebiet mit einem bis zur Höhe von zweitausend Meter sich erhebenden Gebirge und einer Hauptstadt, Tripolis. Der Name geht auf den vorhellenischen Volksstamm der Arcader zurück, der im 2. vorchristlichen Jahrhundert von den eindringenden Dorern vertrieben wurde.

Der vorherrschende Charakter einer Weidelandschaft verhalf Arkadien später zu einer literarischen Laufbahn. Das alte Hellas war da längst eine naturferne Großstadtzivilisation geworden, wo man seine Sehnsucht nach Natur und Hirtenmilieu nurmehr auf dem Umweg über die

Poesie zu stillen vermochte. Arkadien geriet zur Kulisse für ländliches Idyll und bukolisches Leben. So schildert es Theokrit. So übernahmen den Topos, als sie sich in vergleichbaren kulturellen Zuständen befanden, die Römer. Mitsamt ihrer Antikerezeption holte schließlich die Renaissance auch Arkadien wieder hervor.

In den ebenso komplizierten wie starren gesellschaftlich-ästhetischen Regularien des Barock wird der Schäfer zum ersehnten Gegenentwurf: eines in ländlicher Einfachheit und Freiheit gelebten Daseins. Der Gegenentwurf leidet ein wenig unter den Einfärbungen dessen, wovon er sich abstoßen möchte. Der barocke Schäfer ist eine Kunstfigur, und die Landschaft, in der er auftritt, eine manieristische Behauptung.

Landschaft ist sie immerhin, und zum Zierat höfischen Lebens im Absolutismus gehören nun auch Baum, See, Fels, Quelle und Wiese. Freilich sind sie alle aussortiert und behandelt: der Baum mit der Gärtnerschere und der Fels als Arrangement, der See ist ein Bassin, der Quell eine Fontäne, und die Wiese fassen steinerne Begrenzungen ein. Gleichwohl ist es Natur. Sie wird jetzt nicht mehr bearbeitet zum Zweck wirtschaftlichen Ertrages. Der Nutzgarten ist zum Lustgarten geworden. Er dient der *plaisance.*

Friedrichs Park von Sanssouci zeigt die Promenaden, Spaliere und Lauben zeitüblicher französischer Gärten. Seine Besonderheit ist der zu einem Weinberg terrassierte Sandhügel inmitten einer Region, die keine Trauben gedeihen läßt. Der König will seinem Brandenburg etwas Südlichkeit abzwingen.

Wolf Jobst Siedler meint, damit werde Antoine Watteau zitiert, und übersieht, daß Friedrich dergleichen aus ganz unmittelbarer Anschauung kannte: von seiner Kavaliersreise her, die ihn ins augusteische Sachsen führte, also zum Weinanbau im Elbtal. Was indessen dort eine klimatisch begünstigte Agrikultur war und heute noch ist, gerät in der kaltfeuchten Witterung des märkischen Havellandes bloß zur Trotzbehauptung, darin vergleichbar den Pommeranzenbäumchen, die bei gutem Wetter auf den Sonnenhang von Sanssouci postiert wurden und deren Kübel, Voltaire sah es schaudernd, militärbürokratische Nummern trugen.

Wenzeslaus von Knobelsdorff wollte das Schloß Sanssouci nicht nur unterkellern, er wollte es auch direkt an die Kante der obersten Terrasse rücken, aus optischen Gründen. Bauherr Friedrich war da anderen Sinnes. Er setzte sich durch und verzankte sich darum mit seinem Architekten. Wie man boshaft angemerkt hat, wirkt das Schlößchen, von unten gesehen, nun ganz so, »als versinke es im Nilschlamm«.

Auch seine behauptete Bescheidenheit hat etwas höchst Artifizielles, und keinesfalls ist sie der Ausdruck etwa von materieller Zurückhaltung. Sanssouci sollte ein Landsitz werden, ein Sommerschlößchen, privat und bequem. Das zivilisatorische Muster dafür hatten zuerst die Höfe der italienischen Renaissance vorgegeben, wo auch gleich der entsprechende Architekt zur Verfügung stand: Andrea Palladio. Wie gut man ihn in Potsdam kannte, beweist der palladianische Bau des Barberini-Palais am Alten Markt.

Die Kunstlandschaft Potsdam fand mit Friedrich II. nicht ihren Höhepunkt, sondern ihren Anfang, und jene, die es anders behaupten, sind in falscher Faszination dem »Troll« erlegen, »entstanden und gesandt . . ., um große, notwendige Erdendinge in die Wege zu leiten« (Thomas Mann). Die Kunstlandschaft Potsdam fand ihren Höhepunkt und ihre Erfüllung vielmehr erst mit einem Hohenzollernkönig, der politisch, und zwar völlig zu recht, rundum als Versager und Katastrophe gilt.

Die Rede ist von Friedrich Wilhelm IV., einem reaktionären Schöngeist, der, nachdem er nachdrücklich Befehl erteilt, die Berliner Revolution von 1848/49 gründlich niederzumachen, bald in die gnädige Umnachtung fiel.

Sein Großvater, der zweite Friedrich Wilhelm, hatte sich Potsdam eher nebenher zugewendet. Immerhin ließ er das Marmorpalais am Neuen Garten erbauen, und er brachte seine Lieblingskonkubine Wilhelmine Encke auf der Pfaueninsel unter, nachdem er sie vorher zur Gräfin Liechtenau erhoben.

Friedrich Wilhelm III., der Sohn und Nachfolger, war ein dürrer, glück- und humorloser Militarist, dem ein gnädiges Schicksal außer seiner liebenswürdigen Gemahlin, der Königin Luise, noch ein paar tüchtige Berater und Mitarbeiter beschert hatte. Ihre Leistung begriff er nicht. Ihrem Charakter mißtraute er, daß er sie bald samt und sonders vergraulte. Nach Potsdam reiste er, wie sein Vater, nur gelegentlich, aus Anlaß der Frühjahrsmanöver. Zu Zwecken privater Entspannung besuchte er gerne das ländliche Schlößchen Paretz nahebei.

Die künstlerischen Genies im Potsdam des 19. Jahrhunderts tragen die Namen Carl Friedrich Schinkel und Peter Joseph Lenné. Die arkadische Landschaft an den Havelseen ist beider Werk, und erst ihnen gelingt es, den Geist der Romania ganz unverkrampft nach Preußen zu holen. Verglichen damit erscheint Friedrichs II. märkische Vinokultur von Sanssouci bloß als tiefgekühlter Manierismo.

Die beiden preußischen Klassizisten haben beängstigend viel geleistet, vorab Schinkel, und nicht alles, was der Baumeister trieb, war von feinstem Geschmack. Seine Anleihen bei Backsteingotik und Tudor müssen eher als schreckliche Irrtümer gelten, wiewohl solche auf höchstem Niveau. Sofern sich Schinkel Italien zuwandte, war er ungleich besser, und Schloß Charlottenhof nebst den Römischen Bädern in Potsdam ist gewiß eine seiner schönsten Arbeiten.

Er versah sie im Auftrage des Kronprinzen und nachmaligen Königs Friedrich Wilhelm IV., der sich die Italienschwärmerei als eine von mehreren ästhetischen Leidenschaften leistete. Unter seiner Verantwortung geschah es, daß in Potsdam statt nur einzelner Objekte, seien es Schlösser oder

Gärten, eine gesamte Region ästhetisch gestaltet wurde.

Das in diesem Zusammenhang verwendete Wort Kunstlandschaft ist von schönem Doppelsinn. Es kann bedeuten: Landschaft für die Kunst, es kann bedeuten: künstlich oder künstlerisch hergerichtete Landschaft. Für Potsdam trifft beides zu, und die Schlüsselfigur für das, was hier die zweite Bedeutung ausmacht, wurde Peter Joseph Lenné.

Er war gebürtig zu Bonn und stammte aus einer alten Gärtnerdynastie. Seine Vorfahren kamen aus der Wallonie, woher Preußen bislang eher seine Waffenschmiede bezogen hatte. Er hatte in Paris gelernt, er hatte in München und Wien gearbeitet. 1816 wurde er Landschaftsgärtner bei König Friedrich Wilhelm III. in Potsdam.

Lennés Ideal war der *jardin romantique* oder Englische Garten, derart benannt nach dem Ursprungslande. Im 18. Jahrhundert der britischen Physiokraten hatte sich dort gleichermaßen aus den landschaftlichen Folgen einer massenhaften Schafhaltung (für die Tuchindustrie) wie auch aus den veränderten Naturempfindungen des bürgerlichen Sensualismus die neue Parkidee entwickelt. Natur sollte darin nicht mehr gestaltet werden, sondern original und urwüchsig bleiben, und wenn sie gleichwohl gestaltet wurde, sollte es nicht gleich kenntlich sein. Diese Überzeugung kam noch während des 18. Jahrhunderts auch auf dem europäischen Festland in den modischen Umlauf. Sie inspirierte bei den Deutschen literarisch den Sturm und Drang sowie hortikulturell die Anlagen von Wörlitz, jenen wundersamen Parkgarten des Fürsten von Anhalt-Dessau.

Direkt aus Wörlitz kam Eyserbeck, der dann Obergärtner des Preußenkönigs Friedrich Wilhelm II. und Schöpfer des Neuen Gartens wurde, des ersten Potsdamer Parks im englischen Stil. Eyserbeck starb 1801. Als Peter Joseph Lenné in Potsdam eintraf, fand er den Neuen Garten ziemlich verwildert vor. Ihn wieder herzurichten, wurde seine erste Aufgabe.

Fünfzehn Jahre später war er alleiniger Gartendirektor in Potsdam, Leiter einer von ihm inspirierten Gärtnerausbildungsanstalt, der ersten in Deutschland, dazu einer Baumschule und Vorsteher eines zahlreiche Arbeitskräfte beschäftigenden landschaftsgärtnerischen Entwurfsbüros, das mit seinen Ideen und Entwürfen Interessenten in ganz Preußen und darüber hinaus belieferte, gegen gutes Honorar.

Peter Joseph Lennés Landschaftsgärten sind wohlinszeniert. Baumgruppen, Hügel, Wiesen und Wasserflächen spielen ihre genau kalkulierten Rollen. Die Komposition folgt dem Aufbau eines guten *plein-air*-Gemäldes aus niederländischer oder klassizistisch-romantischer Tradition oder auch einem geschickt verfertigten Bühnenbild, mit Vorder-, Mittel- und Hintergrund als Rahmen einer Szene, die, wie auf dem Theater, ein Mensch betreten soll, der hier der Besucher und Betrachter ist. Um seinetwillen wird maßgeblich, was Lenné selber die »Gesichtslinien« nennt und was wir heute als die Sichtachsen seiner Landschaftsgärten kennen und rühmen.

Die Arrangements waren einander meistens ähnlich, zusammengesetzt aus unterschiedlichen Teilen (»Kompartimenten«), wozu relativ symmetrisch angelegte Beete in Gebäudenähe ebenso gehörten wie der entfernter gelegene *pleasure ground*, die Rasenflächen in Bohnenform und die gewundenen Wege, die sich in einer charakteristischen Weise kreuzen. Potsdamer Schablonen-Garten-Stil, haben das Spötter genannt.

Sie arbeiten nebeneinander her und häufig zusammen, Lenné und sein Stab auf der einen Seite, Schinkel und seine Schüler Persius und Stühler auf der anderen. Das märkische Arkadien des königlichen Bruders erregt bald die Begehrlichkeit des Prinzen Wilhelm und seiner Frau derart, daß im unmittelbar benachbarten Babelsberg von den beiden preußischen Künstlern eine eigene fürstliche *maison de plaisance* samt Parkgarten hergerichtet werden muß, in Babelsberg. Die Sache mißlingt freilich, da des Prinzen Wilhelm grämliche Frau Augusta immer wieder unsachverständig hineinredet. Das Schloß wird ein eher komisches Gebilde, Windsor bei Nowawes, und Schinkel geniert es dann auch sehr. Lenné aber muß die endgültige Gartengestaltung seinem ewigen Rivalen Hermann von Pückler-Muskau überlassen.

Schinkel hat auf dem Pfingstberg den Belvedere gebaut, und im Park von Sanssouci entstand die Neue Orangerie. Die Friedenskirche in Potsdam und die Heilandskirche in Sacrow wurden auf königlichen Wunsch errichtet, beide nach italienischen Renaissancevorbildern, und am Ende, nachdem sie alle schon tot sind, Friedrich Wilhelm wie Schinkel, Lenné und Pückler, werden die Potsdamer Parkanlagen ungefähr soviel Platz einnehmen wie das Weichbild der Stadt oder wie die von beiden eingeschlossenen Havelseen. In und um Potsdam wird es dann mehr an Schlössern und Herrschaftsvillen geben als im nahen und so sehr viel größeren Berlin.

Der letzte Schloßbau in Potsdam heißt Cecilienhof. Die Anlage entsteht im Neuen Garten und am Rande des Jungfernsees, und sie zitiert, nicht einmal ungeschickt, den Stil englischer Landsitze. Sie ist recht maßvoll in den Proportionen, freilich entschieden zu düster im Inneren. Der Architekt, Schultze-Naumburg, war ein Zeitgenosse des Werkbundbaumeisters Hermann Muthesius, für den die britische Landhausarchitektur eine wichtige Quelle der Anregungen bedeutete, und etwas von diesem Geist, sehr wenig, ging dann auch in Schloß Cecilienhof ein. Das Skandalon, das es werden sollte, war nicht von der ästhetischen, sondern von der politischen Art.

Als der deutsche Kronprinz 1912 den Bau plante, mit einem Kostenanschlag von 1,5 Millionen Goldmark, fragten selbst konservative preußische Blätter, ob denn die Hohenzollern in Potsdam neben ihren bereits dreizehn Schlössern und Villen so unbedingt einen vierzehnten Feudalsitz benötigten. Den Bauherrn verdroß es nicht. Das

Ding wurde in Auftrag gegeben und gebaut, in den Jahren 1914 bis 1917, also mitten in dem von den Hohenzollern mitverantworteten großen Krieg, und der ließ deutsche Soldaten unter anderem verbluten im Kampf gegen jenes perfide Albion, dessen architektonisches Modell des *cottage* das neue Hohenzollernschloß sichtbar imitierte.

Bauherr Wilhelm wohnte mit seiner Familie in Cecilienhof von 1917 bis 1918 und schließlich wieder, nach Abdankung des kaiserlichen Vaters, ab dem Jahre 1923. So hatte er es nicht weit bis zur Garnisonkirche, als er dem Führer und Reichskanzler Adolf Hitler in Husarenuniform seine peinliche Huldigung erwies, am 21. März 1933, dem Tag von Potsdam.

»Die Potsdamer Feier versinkt bereits in der Dämmerung«, notierte hernach der bei diesen pompösen Feierlichkeiten pflichtgemäß anwesende Botschafter der Französischen Republik, François-Poncet. Seine Anmerkung war auch metaphorisch gemeint. Bis zu welch furchtbarem Grade er damit recht behalten würde, konnte er nicht wissen.

Militaria

In seinen »Reisebildern« erwähnt Heinrich Heine Potsdam: »durch seine öden Straßen wandern wir wie durch die hinterlassenen Schriftwerke des Philosophen von Sanssouci«. Dessen disziplinierendes »spanisches Röhrchen« er zu erwähnen dann nicht vergißt, und in einem Brief an seinen jüdischen Freund Moses Moser klagt er im April 1829 über die Stadt: »Ich sehe hier nichts, als Himmel und Soldaten.« Den folgenden Monat schreibt er, unter dem nämlichen Absender, an die Freundin Friederike Robert: »Einige Offiziere sind bei mir gelandet, Menschenfresser.« Der große Spötter, zu sehen, war eine zivile Natur. Soldaten mißbehagten ihm, und also mißbehagte ihm Potsdam.

Diese Stadt wurde ein Ort des Militärs, genaugenommen, schon unter dem Großen Kurfürsten und erst recht dann unter Soldatenkönig Friedrich Wilhelm I. Sie ist das, mit etlichen Unterbrechungen und Camouflagen, bis heute geblieben, und fast ebenso wichtig wie die Hohenzollernschlösser und Lennés Parkgärten sind für sie seit mehr als drei Jahrhunderten die Kasernen gewesen.

Preußen war ein militärisch durchdachter und aufs Soldatische ausgerichteter Staat. Er wurde dies viel mehr und wesentlich konsequenter als irgendein anderes Gemeinwesen der Moderne. Das dafür in Umlauf gekommene Wort Militarismus bedeutet hier keinesfalls eine Schmähung, sondern die blanke Tatsachenbeschreibung.

Alles begann damit, daß sich der Große Kurfürst Friedrich Wilhelm entschloß, nach dem Ende des Dreißigjährigen Krieges seine Armee nicht aufzulösen, sondern zu belassen. Als Regent im Zeitalter des Absolutismus hing er fortan der Idee eines stehenden Heeres an, was bedeutete: Die alten Söldnerarmeen wurden obsolet, dafür geriet der *miles perpetuus* zu einem wichtigen Machtausweis für die absolute Monarchie. Derlei hatte den kriegstechnischen Vorzug einer ständigen Bereitschaft und Verfügbarkeit, samt aller damit verbundenen militärischen Qualifikation, und es hatte zugleich den wirtschaftlichen Nachteil einer außerordentlichen Kostspieligkeit.

Kurfürst Friedrich Wilhelm hielt 1640, bei seinem Amtsantritt, 4000 Mann unter Waffen. Bei seinem Tod im Jahre 1688 zählte seine Armee 30000 Soldaten. Es handelte sich hier um die Friedensstärke, denn zehn Jahre zuvor, in etwas bewegteren Zeitläuften, hatte es auch schon einmal 45000 kurbrandenburgische Soldaten gegeben. Dies alles geschah aber bei einer Gesamtbevölkerung von 1,5 Millionen Einwohnern und in einem armen, durch ständige Kriege vielfach gebeutelten Land.

Die Finanzierung erfolgte über Steuern und Akzisen, die der Fürst erst gegen teilweise erhebliche Widerstände durchsetzte. Zur Zeit Friedrich

Wilhelms verschlangen die Militärausgaben in Brandenburg etwa zwei Drittel aller gesamtstaatlichen Einnahmen. Wie das stehende Heer dann existierte, als ein ebenso unzweifelhafter wie machtvoller Apparat, bewirkte es neben den außenpolitischen Erfolgen auch entschiedene Innovationen im Staatsinneren, nämlich die Herstellung dienlicher Zentralbehörden samt den zugehörigen Beamten und entsprechenden Strukturen.

Dies miteinander beförderte die Zentralisierung des Kurfürstentums, und es hatte seinen erheblichen Einfluß bis weit in fast alle zivilen Belange hinein: durch die zumeist zwanghafte Aushebung neuer Rekruten; durch das Stationieren der Infanterie in den Städten und der Kavallerie auf dem Lande; durch die fortwährende Inanspruchnahme für Fourage und Verpflegung; durch Vorspanndienste und Fuhren der Zivilbevölkerung etwa bei den Festungsbauarbeiten.

Mit der Präsenz oder dem Einsatz des großen brandenburgischen Militärapparates erreichten Kurfürst Friedrich Wilhelm die Ablösung des Herzogtums Preußen von Polen und sein Sohn die Umwandlung des Staates in ein Königreich. Unter Friedrich I. verstärkte sich die Rekrutenaushebung im Land. Die Preßkommandos bedienten sich höchst drastischer Mittel, Folgen waren eine wachsende Flucht der Einwohner über die Grenzen und ein erheblicher Rückgang der bäuerlichen Produktion. Als Friedrich I. starb und sein Sohn zum König aufrückte, standen

40000 Mann unter Waffen, bei 1,65 Millionen preußischen Einwohnern.

Friedrich Wilhelm I. mußte oder wollte das durch den Vater ererbte wirtschaftliche Chaos beseitigen, ohne das militärische Potential zu entschärfen. Er ersann zu diesem Zwecke das Kantonsystem. Das gesamte preußische Staatsgebiet wurde in abgegrenzte Distrikte aufgeteilt, eben Kantone, und jedem davon wurde ein Regiment zur Aushebung zugewiesen. Die gesamte männliche Bevölkerung war bestimmt, dem Militärdienst lebenslänglich zur Verfügung zu stehen. Jährlich gab es eine Exerzierzeit, in der Regel drei Monate, und für den Rest des Jahres stand der Kantonist als »Urlauber« für das Erledigen der bäuerlichen Arbeiten zur Verfügung.

Die bäuerlichen Dienstleistungen für das Heer, »Kontributionen«, blieben davon unberührt und mußten weiterhin erbracht werden. Als Zeichen seiner Armeezugehörigkeit hatte der Kantonist ständig ein bestimmtes Uniformstück zu tragen, Halsbinde oder Schleife am Hut, während er beim sonntäglichen Gottesdienst in voller Uniform auftreten mußte, widrigenfalls galt er als Deserteur. Auf das Einhalten aller Regeln und Pflichten wachten die militärische und die zivile Gerichtsbarkeit. Disziplin, Pünktlichkeit, Unterwerfung waren die selbstverständlichen Verhaltensnormen. Sie galten in der Armee wie bei der Arbeit auf dem Rittergut. »Ein unglückliches Mittelding zwischen Bauer und Soldat«, so sah es ein zeitgenössischer deutscher Autor.

Die Offiziere der Armee wurden durch Angehörige des preußischen Landadels gestellt. Unter Friedrich II. war es den Aristokraten förmlich untersagt, das Land zu verlassen, und über die Kadettenanstalten geschah ein regelmäßiger Transfer von Adelssöhnen zum Heereswesen. Es führte dazu, daß am Ende die preußische Aristokratie mit dem preußischen Offizierskorps fast völlig verschmolz und das ländlich-zivile und das militärische Leben einander wechselseitig gänzlich durchdrangen.

Außerhalb der preußischen Grenzen angeworbene Soldaten, die es weiterhin gab, wurden, dem allen entsprechend, nach ihrem jährlichen Exerzierdienst in die Städte beurlaubt, wo sie in den Manufakturen Arbeit taten, als Freiwächter.

Man konnte sich von der Militärpflicht auch loskaufen. Der Name dafür lautete Exemtion. Besonders die Städte machten davon Gebrauch, Berlin zum Beispiel. Man hat den in dieser Stadt zweifellos herrschenden Geist einer zivilen Aufsässigkeit eben darauf zurückgeführt.

Alle genannten Strukturen und Maßnahmen befanden sich, als sie durch König Friedrich Wilhelm I. eingeführt wurden, durchaus auf der Höhe ihrer Zeit. Sie beförderten den Absolutismus und waren dessen merkantilistischer Wirtschaftsverfassung dienlich. Da sie die bisherige Willkür wohl nicht abschafften, aber kanalisierten und kodifizierten, schufen sie so etwas wie Rechtssicherheit.

Die Stadt Potsdam als Residenz des Soldatenkönigs wie auch seines Sohnes lieferte für diesen brandenburgisch-preußischen Militarismus den Mittelpunkt und das urbanistische Symbol. Die Garnison entstand, mitsamt dem zugehörigen Gotteshaus. Die jährlichen Militärrevuen bildeten einen gesellschaftlichen Höhepunkt des Potsdamer Lebens.

Chef der Stadtverwaltung war ein ehemaliger Regimentsquartiermeister. Offiziere blickten den städtischen Beamten kontrollierend über die Schulter. Jedes Potsdamer Bürgerhaus mußte seine Giebelstube freihalten für soldatische Schlafstellen, die sich auf zwei bis sechs belaufen konnten. Allein 3500 Grenadiere waren ständig in der Stadt quartiert, und jeder dritte der mittlerweile 12000 Einwohner gehörte dem Militär an. Die Potsdamer Gewehrfabrik galt für eine Weile als größter Rüstungsbetrieb in Preußen.

König Friedrich II. nutzte dies alles dann, um in drei Kriegen Österreich die Provinz Schlesien abzujagen und Preußen als europäische Großmacht zu etablieren. Dies geschah gegen einen quantitativ vielfach überlegenen Gegner und in der Folge einer verbissenen Anstrengung, der auch ein deutlicher Zug des Masochismus anhaftete. Von einem Zeitalter, das sich den staatlichen Erfolg fast ausschließlich in militärischen Siegen buchstabierte, wurde Friedrich daraufhin politische Größe bescheinigt.

Friedrichs außerordentliches militärisches Glück schien das preußische Heeressystem in seinen Grundsätzen und Einzelheiten für alle

Zukunft zu empfehlen. Friedrich starb 1786. Mit ihrer fürchterlichen Niederlage gegen Napoleon bei Jena und Auerstedt bloß zwanzig Jahre später verloren Preußens Armeen zugleich ihren friderizianischen Mythos. Die preußischen Reformer, im Bereich des Heereswesens waren dies Clausewitz, Gneisenau, und das Kleine-Leute-Kind Scharnhorst, nötigten ihrem widerwilligen König Friedrich Wilhelm III. Veränderungen ab mit dem Ziel, die revolutionäre Militärdoktrin der französischen Bürgerrevolution auf die Grundsätze des konservativen preußischen Ständestaates abzustimmen, wie auch umgekehrt.

Dies erbrachte im einzelnen: eine Einschränkung der Adelsvorrechte beim Offizierskorps; die Abschaffung der militärischen Prügelstrafe; das unwiderrufliche Ende der herkömmlichen Soldatenwerbung und damit des jahrhundertealten Söldner- und Landsknechtsprinzips; die Einführung einer allgemeinen Wehrpflicht für dic männlichen Landeskinder. Es fällt nicht sehr schwer, in der letztgenannten Maßnahme sowohl den Unterschied zu als auch die Gemeinsamkeiten mit dem altpreußischen Kantonsystem zu erkennen. Der Landadel behielt für das Offizierskorps kein Monopol mehr, aber er blieb dort deutlich in der Mehrheit.

In der preußischen Militärhochburg Potsdam änderte sich nicht besonders viel. Zwar wurden die Rüstungsindustrien ausgelagert, um hinfort anderswo zu wuchern, aber weiterhin beherrschten der Turm der Garnisonkirche und der

Monopteros des Militärwaisenhauses das Bild der Stadt, im Äußeren wie im Wesen. Preußen war und blieb der Staat, den sich die Armee hielt. Man sah darin nichts Übles. Es handelte sich dabei vielmehr um eine patriotische Selbstverständlichkeit.

Zum Straßenbild Potsdams gehörte der Leutnant, wie ihn die satirischen Blätter des späten Kaiserreiches in zahllosen Zeichnungen auftreten ließen, mit Schnurrbart, ausrasiertem Nacken und Monokel, mit blauer Uniform und abgehackter Sprechweise. Was inzwischen wie eine übertreibende Karikatur wirken mag, war in Wahrheit der reine Naturalismus.

Ihre Aufgipfelung fand die Potsdamer Militärherrlichkeit in der Eliteeinheit des 1. Garderegiments zu Fuß.

Es war 1807 entstanden, aus Resten des alten Garde-du-Corps, das, wie alles preußische Militär, im Jahr davor gegen die Franzosen eine fürchterliche Niederlage davongetragen hatte. Aus den Befreiungskriegen von 1813 bis 1815 kehrte es dann mit Glanz und Ruhm zurück, und fortan blieb es die allerfeinste Adresse des preußisch-deutschen Militarismus, nach eigenem Selbstverständnis das »erste Regiment der Christenheit«.

Ein vorläufiges Ende kam im Jahre 1918. Die letzte militärische Tat war die Eroberung einer Höhe an der Westfront, und die letzte Tat überhaupt war das Befolgen des Kommandos »Weggetreten!« Der deutsche Kaiser und preußische König war demissioniert, der Krieg verloren, und nunmehr gab es eine Republik.

Bei der Auflösung blieb es nicht lange, denn bereits im Januar 1919 sammelten sich Angehörige des 1. Garderegiments zu Fuß unter dem neuen Namen »Regiment Potsdam«. Im Folgenden kartätschten sie erfolgreich den Spartakus-Aufstand im Berliner Zeitungsviertel nieder. Eingesetzt hatte sie der sozialdemokratische Wehrminister Gustav Noske, und die Parole hieß: »Pardon wird nicht gegeben!«

Zum Lohn für solche bravourösen Taten wurde das Regiment in die Reichswehr eingegliedert. Es trug jetzt den Namen »9. (Preu.) Infanterie-Regiment«, abgekürzt: I. R. 9. Es sollte und wollte die Tradition der preußischen Garden fortsetzen, wozu unter anderem gehörte, daß, nicht anders als etwa im Preußen des 18. Jahrhunderts, das Offizierskorps fast durchweg aus Adeligen bestand, und es leitete sich von daher auch der Spitzname des Regimentes ab: Graf Neun. Der Wahlspruch hieß, bezeichnenderweise: *Semper talis*, was in freier Übersetzung bedeutet: Es bleibt alles beim alten.

»Im Regiment«, so der Journalist Karl Heinz Krüger, »herrschte Hohenzollern-Loyalität. Das erste Glas, das bei festlichen Anlässen gehoben wurde, galt ›Seiner Majestät‹. Hohenzollern gehörten zum Dunstkreis des Offizierskorps; Prinz Eitel Friedrich spendierte zum Heiligen Abend Gänsebraten mit Rotkohl für die ganze 1. Kompanie. Das Kasino war vollgestopft mit Büsten preußischer Könige und Feldherren; gespeist wurde unter Schlachtengemälden, mit Bestecken, die alte Offizierswappen trugen. Friedrich von Stülpnagel, Sproß einer prominenten, später auch im Widerstand gegen die Nazis aktiven Offiziersfamilie, lobte den ›guten Geist in den Kasernen und Kasinos‹, die Fröhlichkeit beim Reiten, Tanzen, Schießen – alles in allem den ›Esprit de Noblesse‹.«

Die Schwierigkeiten, die viele mit ihrem Eid auf die Republik gehabt hätten, seien bald aufgehoben worden durch den Umstand, daß der alte ostelbische Haudegen Paul von Hindenburg deutscher Reichspräsident geworden war. Nunmehr habe diese Übereinkunft gegolten: »Wenn sich unser alter Feldmarschall dazu hergibt, demokratischer Reichspräsident zu werden, dann ist es unsere verdammte Pflicht, es ihm nachzutun!«

1932 stellte das Regiment I. R. 9 jenes Einsatzkommando, das den letzten demokratisch gewählten preußischen Ministerpräsidenten, SPD-Mann Braun, und dessen Regierung aus dem Amt entfernte, auf Befehl des Reichskanzlers von Papen. Brauns berühmter Ausspruch war: »Ich weiche nur der Gewalt.« Im Jahr darauf paradierte die Ehrenkompanie des I. R. 9 vor Hindenburg und Hitler beim Tag von Potsdam, und noch ein Jahr später, nach Hindenburgs Tod, leistete man widerspruchslos den Treueid auf den deutschen Führer Adolf Hitler.

Man hat zusammengerechnet, daß allein 27 Angehörige des I. R. 9 (von insgesamt 29), die 1933 noch Stabsoffiziere und Hauptleute waren, während Adolf Hitlers Drittem Reich in den Generalsrang aufstiegen. 18 Offiziere des I. R. 9 starben nach 1944 im Widerstand gegen Hitler. Henning von Tresckow, einer ihrer Anführer und ehemaliger »Neuner«, schrieb 1943 seinen Kindern: »Vom wahren Preußentum ist der Begriff Freiheit niemals zu trennen.« Der Respekt vor Tresckows Mut und Opfertod entbindet uns nicht von dem Einwand, daß seine Behauptung objektiv unrichtig ist, wie auch nicht von der höflichen Nachfrage, wieso viele zu solchen Erkenntnissen und den daraus folgenden Handlungen wohl erst gelangten, als Adolf Hitler seinen Krieg sichtbar zu verlieren begann.

Das Ende alles preußisch-deutschen Militarismus wurde dann die entschiedene Absicht der alliierten Siegermächte von 1945, und sinnvollerweise einigten sie sich darauf am Geburtsort dieses Ungemachs, also in Potsdam. Ein militärfreier Raum wurde die Stadt dadurch gleichwohl nicht. Die Sowjets stationierten hier reichlich von ihrer Roten Armee, und die anderen Siegermächte unterhielten in Potsdam bis 1989 Militärmissionen. Die DDR, als sie sich endlich wiederbewaffnet hatte, richtete in Potsdam ein zentrales Militärmuseum ein.

Das Echo des preußischen Exerzierschritts war und ist diesen Mauern nicht mehr auszutreiben, und als nach 1990 die deutsche Wiedervereinigung kam und auf keinem Gebiet so problemlos vollzogen werden konnte wie ausgerechnet auf jenem des Militärwesens, etablierte sich in Potsdam bald ein aus Ost und West gemeinsam beschickter Standort des Territorialkommandos Ost der Bundeswehr, wo, einstweilen, 1500 deutsche Männer unter Waffen stehen. Der Bundeskanzler hat sie schon besucht.

Das Militärmuseum der DDR hält geschlossen, wohl auf immer. Dafür soll demnächst das Militärgeschichtliche Forschungsamt der Bundesrepublik aus dem badisch-friedlichen Freiburg i. Br. umziehen nach Potsdam. An diesem Entschluß wurde inzwischen reichlich Kritik geübt, die ein hoher Bundeswehroffizier sofort als »undeutsch« zu qualifiziert wußte, während die Befürworter des Umzugs, war zu lesen, voll befriedigt äußerten, »jetzt kehre man zurück zu den Quellen der preußisch-deutschen Militärgeschichte, und der Genius loci werde künftig die Arbeit der Militärhistoriker beflügeln«.

Wie schrieb zu seiner Zeit Heinrich Heine? »Ich sehe hier nichts, als Himmel und Soldaten.« Dabei soll es offenbar bleiben.

Vom roten Preußen

Der Reichstagsabgeordnete des Wahlkreises Potsdam-Spandau-Osthavelland unmittelbar vor dem 1. Weltkrieg hieß Dr. Karl Liebknecht. Er war Sohn des SPD-Mitbegründers Wilhelm Liebknecht, verweigerte 1914 seinem Kaiser die Zustimmung zu dessen Kriegskrediten und gründete eine sozialdemokratische Parteiopposition, *Spartakus*, die er dann 1919 gemeinsam mit Gleichgesinnten wie Rosa Luxemburg und Wilhelm Pieck zur Kommunistischen Partei Deutschlands ausrief. Eine preußische Soldateska brachte ihn um.

Für die deutsche Arbeiterbewegung unter Karl Marx, Friedrich Engels und August Bebel war das Königreich Preußen mit seiner Verbindung aus erzkonservativem Landadel und aggressivem Großkapitalismus lange Zeit der staatgewordene Gegner schlechthin. Einer seiner mächtigsten (und gescheitesten) Vertreter, Reichskanzler Otto von Bismarck, ließ sie politisch verfolgen. Als später, nach der Wiederzulassung, ein Teil der SPD sich den chauvinistischen Argumenten des Wilhelminismus öffnete und vorsichtig vaterländische Gefühle zu äußern begann, ging jemand vom linken Parteiflügel, Franz Mehring, mit der preußischen Geschichte und dem Preußenmythos historiographisch ins Gericht.

Seine vorzüglich geschriebenen Texte zum Thema haben von ihrer stilistischen und inhaltlichen Brillanz wenig verloren. Sie sind keine radikale Polemik, sondern eine höchst gescheite und dabei durchaus differenzierende Untersuchung. Besonders gründlich nahm sich Mehring der Symbolfigur aller Preußenherrlichkeit an, Friedrichs II., des Siegers in drei Schlesischen Kriegen. Dem Bilde, das affirmative Autoren wie der Brite Carlyle und der Preuße Kugler in Umlauf gebracht hatten und das durch Adolf Menzel zu einer allgegenwärtigen patriotischen Ikone geworden war, entstand hier ein recht genauer und sehr ernüchternder Gegenentwurf.

Er blieb für die radikale politische Linke in Deutschland verbindlich, zumal 1919 Franz Mehring, damals schon ein alter Herr, noch zu den Mitbegründern der KPD gehörte. Brandenburg-Mythen und Preußenseligkeit bedeuteten während der Republik von Weimar eines der ideologischen Schlachtfelder, da Links und Rechts aufeinander einhieben. Ohnehin fühlten sich die deutschen Kommunisten zu jener Zeit eher als Internationalisten. Ihre Leitfigur hieß nicht Fridericus Rex, sondern Wladimir Iljitsch Lenin.

Mit derartigen Überzeugungen begaben sie sich in die antifaschistische Emigration und kehrten von dort wieder zurück. Einer, Alexander Abusch, vor 1933 Chefredakteur des KPD-Zentralorgans *Die Rote Fahne*, brachte einen Buchtraktat mit, »Irrweg einer Nation«, der die Verfehlungen der deutschen Geschichte umfassend auflistete, wobei er die verhängnisvollen Taten der preußischen Führungskaste keinesfalls ausließ.

In der Sowjetischen Besatzungszone und nachmaligen DDR wurde alle Preußenerinnerung geschleift. Die Fridericus-Denkmäler verschwanden im Versteck, jenes Unter den Linden ebenso wie jenes zu Sanssouci. Lange Zeit gab es überhaupt nur ein einziges problemlos zugängliches Friedrich-Monument auf dem Gebiete der DDR. Es stand im verwilderten Schloßpark des märkischen Neuhardenberg. Es stand dort so verborgen, daß man es beim Denkmalstürmen schlichtweg übersehen hatte.

Auf den Sprechbühnen des Landes liefen bitterböse Farcen, mit König Friedrich in der Rolle eines autoritären Gnoms. Nachdem der Knobelsdorff-Bau des Opernhauses Unter den Linden restauriert worden war und wiedereröffnet werden sollte, geschah es, daß lieber ein weithin hallender Krach mit dem vorgesehenen Dirigenten Kleiber riskiert wurde, als daß man dessen Forderung nachkam, die alte Stirninschrift mit der friderizianischen Widmung an Apoll und die Musen neuerlich anzubringen.

Das Stadtschloß in Berlin ebenso wie das zu Potsdam sowie die Ruine der Garnisonkirche flogen in die Luft. Dem Berliner Dom mit den Hohenzollernsärgen blieb ein gleiches Schicksal nur erspart, da die Statik seines Standortes unmittelbar am Spreeufer so empfindlich war.

Insgeheim freilich hatte eine Gegenbewegung

längst begonnen. Als der Aufbau einer ostdeutschen Armee anstand, entschied man sich bei der Wahl der Uniformen für das alte deutsche Soldatenkleid. Es erfolgte dies unter ausdrücklicher Berufung auf das Steingrau des preußischen Landsturms von 1813. Gleichzeitig begann ein förmlicher Kult um die preußischen Reformer zur Zeit der Befreiungskriege, voran die militärischen. Die entsprechenden Denkmäler waren noch vorhanden und wurden jetzt wieder aufgestellt. Es gab Theaterproduktionen zu Ehren der Lützower. Romanbücher um Scharnhorst und Gneisenau befeuerten das geistige Leben in Walter Ulbrichts ostdeutschem Staat.

Zu den Gründungsgenerälen der Nationalen Volksarmee gehörten Angehörige des Nationalkomitees Freies Deutschland: einer Auffangorganisation prominenter soldatischer Überläufer an der Ostfront des II. Weltkriegs. Mit ihnen kehrte nun aus der Sowjetunion der Geist des preußischen Militärs zurück. Äußere Zeichen dafür waren der Stechschritt, wie er bei den Paraden an Staatsfeiertagen vollführt wurde, und das allwöchentlich mittwochs Unter den Linden zu Berlin zelebrierte Spektakel der Großen Wachablösung.

Als es dann öffentlich und offiziell zu werden begann, daß der ostdeutsche Staat sich nicht mehr als Provisorium, sondern als Konstrukt von Dauer empfand, wurde die deutsche Geschichte nach akzeptablen Überlieferungen durchkämmt. Man meinte, ohne etwas Traditionspflege gehe es nicht ab. Die Attentäter um Stauffenberg, bislang bloß reaktionäre ostelbische Junker und Militärs, die im Juli 1944 um ihre Privilegien gefürchtet hatten, erhielten nun offiziellen Einlaß in ein Sanctuarium der DDR-Ideologie, das des antifaschistischen Widerstands.

Als ein empfindlicher Gradmesser für das unentwegt sich verändernde Preußenbild der DDR erwiesen sich die offiziellen Kommentare bei den Führungen durch Schloß Sanssouci.

Dort war noch in den fünfziger Jahren Fridericus nichts als ein militaristischer Menschenschinder gewesen, antinational und direkt mitverantwortlich für den miserablen Gang der deutschen Geschichte hin zu Hitler. Bereits ein Jahrzehnt später sah man ihn schon viel differenzierter oder, so die übliche Wendung, dialektisch. Der räuberische Charakter von Friedrichs Schlesischen Kriegen wurde auch jetzt noch nicht bemäntelt, doch daneben hatte der König französische Aufklärer ins Land geholt, er hatte bedeutende Architekten beschäftigt, das Oderbruch kultiviert und den nützlichen Kartoffelanbau befördert.

Der Appetit auf die bislang verschmähten Brocken der deutschen Nationalgeschichte wurde immer größer. Nun war es an der Zeit, die Berliner Romantik zu rehabilitieren und den heiklen preußischen Dichter Heinrich von Kleist. Als sich Westberlin daran machte, die große Preußenausstellung im Gropiusbau zu richten, 1981, witterten Verantwortliche in der DDR die Chance zu einer erfolgreichen Konkurrenz, und es gab kein Halten mehr.

Offizielle Darstellungen des Soldatenkönigs Friedrich Wilhelm und seines Sohnes Friedrich erschienen. Der Historiker und Altmarxist Ernst Engelbrecht verfaßte seine umfängliche Bismarck-Biographie. »Unser Blick auf Preußen«, schrieb in steifem DDR-Deutsch die auf dieses Thema spezialisierte Geschichtswissenschaftlerin Ingrid Mittenzwei, »war durch die Polemik, die die revolutionäre Arbeiterbewegung im 19. und 20. Jahrhundert mit dem reaktionären Preußentum führen mußte, verstellt.« Für den, der zu lesen verstand, bedeutete dies: eine Aufgabe der von Marx, Engels und Mehring vorgetragenen antiborussischen Überzeugungen.

»Im Westen«, kommentierte später der Historiker Jens Flemming, »empfand man das damals als Entkrampfung und Normalisierung. Tatsächlich war es eher ein Zeichen von Unsicherheit. Der Staat . . . konnte sein Defizit an demokratischer und nationaler Legitimität auch durch die Beschwörung Preußens und preußischer Tugenden nicht auffangen.«

Eigentlich war es noch viel ärger, und alles geschah wie im Falle des zuletzt gründlich veränderten Lutherbildes der DDR. Um dessentwillen wurde nämlich das Bekenntnis zu dem einst als revolutionären Ahnherrn gefeierten Wiedertäufer und Luther-Gegner Thomas Müntzer stillschweigend geopfert. Insgesamt befand sich der von der späten DDR betriebene Marxismus in einer unaufhaltsamen Bewegung fort von seinen einst unerschütterlichen politischen Grundüberzeugungen. Es hatte dies nicht mit Flexibilität oder gar Lernfähigkeit zu tun, sondern bloß mit Opportunismus.

Im Potsdamer Parktheater erfolgten, von der DDR-Presse gewürdigt, Aufführungen eines musikdramatischen Werkes von König Friedrich II. Die Denkmäler des Preußenkönigs, auch das von Schadow geschaffene Reiterstandbild, wurden wieder an ihre alte Stelle gesetzt, da mochten die entsetzten Genossen in der benachbarten Volksrepublik Polen noch so murren. Bei offiziellen Führungen in Schloß Sanssouci war der einstige Hausherr längst wieder ein bedeutender Herrscher geworden. Die unbestreitbaren Eintrübungen seines Charakters lastete man nur mehr dem feudalabsolutistischen Zeitgeist an. Der höchste Mann im Staat DDR, SED-Generalsekretär Erich Honecker, sprach gar öffentlich von »Friedrich dem Großen«.

Als die DDR schließlich zusammengebrochen war, höhnte ein Schriftsteller: »Wieder einmal, zum dritten, hat ein von Berlin aus regierter deutscher Staat durch seine kritiklose Berufung auf Fridericus Rex sich selbst zugrunde gerichtet.«

Wetscherneswon

Eine erste historische Begegnung zwischen Potsdam und Rußland erfolgte 1761/62. Einer der Gegner König Friedrichs bei seinem dritten Schlesischen Krieg war die Zarin Elisabeth, deren Kosaken in jenem Winter Berlin und das Umland besetzten. Ihr Benehmen war nicht fein. Es herrschten Kälte, Hunger und Grausamkeit. Da starb plötzlich die Zarin, und ihr Nachfolger, ein Bewunderer Friedrichs, schloß überraschend Frieden mit den Preußen. Dies hieß man fortan das Wunder des Hauses Brandenburg. Friedrich hatte seine fast schon sichere Niederlage im dritten Schlesischen Kriege verhindert.

Der Widerstand des von Napoleon kujonierten Europa begann mit einer heimlichen Vereinbarung, die der Preußengeneral Yorck von Wartenburg mit der Armee des Zaren schloß. In der Folge kam es zu einer am Ende erfolgreichen Koalition zwischen Preußen, Österreich und Rußland, die in den bekannten Schlachten bei Leipzig und Waterloo gewann. Aus der Armee des Zaren Alexander, die zu diesem Anlaß mehrmals Preußen durchqueren mußte, blieben zwölf sangesbegabte russische Soldaten zurück. Eigentlich hatten sie schon zum Troß des Generals Yorck gehört. Mit ihren an orthodoxen Chorälen orientierten Liedern, wie *Wetscherneswon*, bezauberten sie die Potsdamer derart, daß König Friedrich Wilhelm III. Anweisung gab, ihnen eine ständige Bleibe zu schaffen. So entstand am Rande der Jägervorstadt Alexandrowka.

Hierbei handelte es sich um hölzerne Gehöfte im russischen Stil. Ihre Anordnung erfolgte auf einem Grundriß in der Form des Andreaskreuzes. Die landschaftliche Gestaltung übernahm, wie üblich, Peter Joseph Lenné. Die zugehörige Kapelle heißt nach Alexander Newski und wurde gemeinsam von einem russischen Architekten, Wassilij Stassow, und, natürlich, Karl Friedrich Schinkel entworfen.

Es leben heute immer noch einige Nachfahren der einstigen Sänger in der Kolonie. Ihre Familiennamen lauten Schischkoff und Grigorieff.

Fast das gesamte 19. Jahrhundert hindurch blieben die Beziehungen zwischen Preußen und Rußland einigermaßen entspannt. Es hatte dies mit der räuberischen Einigung beider Staaten bei den polnischen Teilungen zu tun und mit der russenfreundlichen Außenpolitik des Kanzlers Otto von Bismarck. Vielleicht wirkte in Preußen noch eine untergründige Slawophilie mit, zu danken dem Umstand, daß man auf altem Wendengebiet siedelte und über eine westslawische Minorität im eigenen Stammterritorium gebot, die Sorben. Für das gebildete Rußland war Preußen, nächst Frankreich, ein besonders geschätztes Ausland und Fridericus Rex eine bewunderte Figur, wie sich in Tolstois Roman »Krieg und Frieden« ausführlich nachlesen läßt.

Von offener Feindschaft zwischen Preußen-Deutschland und den Russen wurde dann das 20. Jahrhundert bestimmt. 1945 eroberten Stalins Soldaten die Stadt Potsdam, verschonten dabei Schloß und Park Sanssouci und nahmen statt dessen von den Potsdamer Kasernen Besitz.

Sie blieben darin bis zum Anfang der Neunziger. Sie errichteten eine ihrer vielen (um die 800) Gedenkstätten in der DDR auf dem Bassinplatz, patrouillierten an der Glienicker Brücke, und zu Feiertagen sangen sie ihre Lieder, darunter *Wetscherneswon*. Das Lied rühmt musikalisch die Abendglocken und vermittelt slawische Abschiedstrauer.

Es gab einmal eine von der DDR verordnete Deutsch-Sowjetische Freundschaft. Die dafür zuständige Organisation ging noch vor der eigentlichen Sowjetunion zugrunde. Das ihr gehörige, recht pompöse Haus in der Potsdamer Innenstadt beherbergt inzwischen ein China-Restaurant. Die russischen Soldaten bevölkerten mit ihren Waren, Militaria und Billigzigaretten, noch für eine Weile die örtlichen Flohmärkte, ehe sie endgültig das Land verließen, in eine für sie ungewisse Zukunft hinein. In den Güterwagen, von denen sie sich transportieren ließen, sangen sie *Wetscherneswon*.

Die von ihnen geräumten Kasernen haben sie völlig heruntergewohnt, ein Bild des abrißreifen Jammers. Das russische Monopol in Potsdam besitzt wieder die Siedlung Alexandrowka.

Bewegte Bilder

1911 erwarb ein Kameramann, Guido Seeber, zugleich technischer Leiter der zu Berlin betriebenen Deutschen Bioscop-Gesellschaft, nahe dem am Griebnitzsee gelegenen Bahnhof Nowawes ein größeres Fabrikgelände. Hinfort sollten hier Spielfilme produziert werden. Alsbald begann man mit dem Bau einer Atelierhalle, 300 Quadratmeter groß und fertiggestellt im Februar 1912. Gleich wurde in ihr ein erster Film gedreht, »Der Totentanz«, mit Asta Nielsen.

1917, es war das dritte Jahr des von Deutschland und Österreich-Ungarn begonnenen 1. Weltkriegs, brachte der Berliner Pressezar Alfred Hugenberg mehrere bis dahin selbständige Filmgesellschaften unter ein gemeinsames Firmendach und nannte das Ufa. Hugenberg beabsichtigte, mit Hilfe dieses mächtigen Unternehmens die vaterländischen Gefühle seiner Heimat filmkünstlerisch zu stimulieren. Wie sich erweisen sollte, blieb ihm dazu nicht mehr sehr viel Zeit noch Gelegenheit.

Ufa stand als Kürzel für Universum Film AG. Außer einer Herstellungsstätte gehörten der Firma Kinotheater, ein Filmverleih und die Urheberrechte an einer ständig wachsenden Anzahl von Produkten. Ihr Ateliergelände in der östlich von Potsdam gelegenen und damals noch selbständigen Gemeinde Babelsberg galt lange Zeit als das größte in Europa.

Ihre Gründung aus deutschnationalem Geiste machte die Ufa, solange sie existierte, für patriotische Gesinnung und manipulative Absichten anfällig. Wenigstens in der Zeit der Republik von Weimar verfocht sie dies betreffend kein Monopol. Ein Gutteil der von ihr beschäftigten Künstler stammte aus jüdischen Elternhäusern und neigte lieber dem liberalen Denken zu. Derart konnte geschehen, daß unter dem Signet der Ufa, einem Rhombus, sowohl antiautoritäre Filme entstanden, wie »Der Blaue Engel«, als auch preußisch-vaterländische Brocken, wie »Das Flötenkonzert von Sanssouci« oder »Der junge König«. In letztgenannten Arbeiten war der Held aus dem nahe gelegenen Potsdam bezogen und hieß Fridericus Rex. Der Darsteller dieser Figur, Otto Gebühr, blieb sein Leben lang auf die Wiedergabe des Alten und des nicht so alten Fritzen abonniert.

Er war nicht der einzige Star der Ufa. Andere hießen zum Beispiel Pola Negri, Emil Jannings, Lilian Harvey oder Marika Rökk. Einige traten später eine Weltkarriere an. Verschiedene von ihnen nahmen ihre privaten Wohnsitze dem Produktionsgelände unmittelbar benachbart, in Kleinmachnow, im Berliner Stadtteil Zehlendorf oder in dem erst 1939 von Potsdam eingemeindeten Babelsberg selbst. Da gab es, der Ortsteil hieß Neubabelsberg, bereits eine gewisse Tradition des luxuriösen Wohnens, schon seit der Jahrhundertwende, und außer Filmschaffenden lebten hier immer auch Industrielle und Politiker. 1934 wurde in einer der Neubabelsberger Villen von der Staatspolizei ein unliebsamer Mensch verhaftet. Er stammte aus Köln, hatte früher der Zentrumspartei angehört und trug den Namen Konrad Adenauer.

Da befanden sich bereits viele der eben noch hochgeschätzten Ufa-Regisseure, -Darsteller und -Autoren auf dem Weg in die Emigration. Sie waren Juden, wie Peter Lorre, Elisabeth Bergner und Erich Pommer, oder sie mochten die Nazis einfach nicht, wie Marlene Dietrich und Conrad Veidt. Die Ufa besann sich noch stärker als bisher ihrer deutschnationalen Herkünfte und drehte viele schneidige Propagandafilme für Krieg, Blut, Boden und gegen die nichtarischen Untermenschen. Sie bot daneben Nischen für eher unliebsame Künstler wie Axel Eggebrecht und Erich Kästner. Letzterer durfte sogar, wiewohl pseudonym, das Drehbuch für den Film »Münchhausen« verfassen, mit dem man das fünfundzwanzigjährige Bestehen der Firma aufwendig und farbenprächtig beging, mitten im Krieg.

Eines der letzten Werke der Ufa bot dann wieder die bei Gründung intendierte patriotische Propaganda. Der Film hieß »Kolberg«. Er war ein am historischen Beispiel orientierter Durchhalteschinken.

Unmittelbar nach Kriegsende nahmen in den Villen Neubabelsbergs vorübergehend die zur Potsdamer Konferenz geeilten Alliierten Quartier. Das Filmgelände war schon bald an eine sowjetisch lizenzierte Neugründung mit dem sonderbar assonantischen Namen Defa vergeben. Sie wurde später ein volkseigener Betrieb, und dem Geist des Geländes und seiner einstigen Benutzer blieb sie insofern treu, als sie immer wieder politische Propaganda produzierte, wiewohl nicht ausschließlich. Manchmal konnte bei ihr auch eine sanft widerständische Kunst entstehen. Gelegentlich wurde diese dann verboten.

Nach dem tristen Ende des Staates DDR war das Filmgelände der Defa in Babelsberg vor allem als Immobilie begehrt. Der Produktionsbetrieb kam mehr und mehr zum Erliegen, Nachrichten über die schleppenden Verkaufsverhandlungen füllten die Zeitungen, den endgültigen Zuschlag erhielt dann ein Unternehmen aus Frankreich. Auf dem weitläufigen Gelände siedelt heute außerdem der öffentlich-rechtliche Fernsehsender für das Land Brandenburg, ORB. Durch einen der Eingänge werden Besucher fürs *sightseeing* eingelassen, gegen Entgelt.

Das Gelände zeigt sich ihnen unübersichtlich, die Mehrzahl der Wege darauf überwiegend kariös. Die umherlaufenden Angestellten tragen düstere Mienen. Es gibt eine Kulissenstraße, es gibt ein imitiertes Westerndorf. Den backsteinroten Ateliergebäuden ist ihr hohes Alter anzusehen, die meisten von ihnen scheinen zu schlafen. Einiges steht unter Denkmalschutz. Sämtlicher Glamour ist gründlich vergangen, wenn er denn jemals geherrscht haben sollte. Bereits der große Wiener Feuilletonist Alfred Polgar notierte bei einem Besuche hier, in den Glanzzeiten der Ufa, vor 1933:

»Kein Leben in der wunderlichen Stadt, die aussieht wie versunken auf den Boden eines abgelassenen Meeres, niemand wohnt in ihr, nur in den öden Fensterhöhlen, wenn man sich der zugehörigen Filme erinnert, das Grauen.«

Ein Gebäude

Das Haus 54 der vormaligen Lindenstraße zu Potsdam, auch Großes Holländisches Haus oder Kommandantenhaus, wurde errichtet als Fünfachsenhaus im holländischen Stil, in den dreißiger Jahren des 18. Jahrhunderts, unterm Regiment des Soldatenkönigs Friedrich Wilhelm. Das fertige Gebäude erhielt 1738 die Stadt zum Geschenk. Für einen monatlichen Zins von 100 Talern wurde es danach an den Kommandeur des preußischen Leibregiments vermietet. Im Jahre 1806 ließ der Eroberer Napoleon das Grundstück requirieren, um es als Kleidermagazin und Pferdelazarett zu nutzen. Im Verfolg der Reformen des Freiherrn vom Stein tagte 1809 in dem Haus die erste frei gewählte Potsdamer Stadtverordnetenversammlung.

Später zog der Kommandant des Stadtgerichtes dort ein und ließ im Hof ein kleines Gefängnis errichten, das, im Zuge zunehmender Machtentfaltung, mehrfach erweitert wurde, zuletzt im Jahr 1906. Während der dreißiger Jahre des 20. Jahrhunderts nahm das nationalsozialistische Erbgesundheitsgericht von dem Gebäude Besitz und verfügte darin über Zwangssterilisationen und Rassenhygiene. Nächster Benutzer, zur Zeit des Zweiten Weltkriegs, wurde Adolf Hitlers politische Polizei mit dem Namen Gestapo. Mai

1945 eröffnete in dem Hause zunächst das Potsdamer Stadtgericht, auf Geheiß der sowjetischen Besatzungsmacht, mußte aber, nach bloß vier Wochen, Platz machen für die sowjetische Geheimpolizei NKWD. 1955 übernahm deren ostdeutsche Paralleleinrichtung, das Ministerium für Staatssicherheit, diesen Komplex und requirierte während der folgenden Jahre für seine Zwecke noch die beiden Nebengebäude, von denen eines zuvor als kirchliche, das andere als gastronomische Einrichtung gedient hatte. Die Lindenstraße war inzwischen umbenannt worden, sie hieß jetzt nach Otto Nuschke, einem führenden Repräsentanten der DDR-Blockpartei CDU. Mit dem Herbst 1989 wurde das Gebäude ein Tagungs- und Versammlungsort für die neuen Linksparteien in der DDR, ausgenommen die SED-Nachfolgeeinrichtung PDS. Einige der nunmehrigen Nutzer saßen in dem Haus früher als Häftlinge. Eine alternative Szene-Kneipe wurde eröffnet. Sie erfreute sich außerordentlichen Zuspruchs. Über dem Eingang hing noch lange Zeit eine Videokamera.

Immer in den zweihundertsechzig Jahren seines Bestehens hat das Gebäude mithin dem Zeitgeist gedient.

Von Tugenden und Zukunft

Die Konferenz der drei alliierten Siegermächte im Zweiten Weltkrieg, sie fand statt vom 17. Juli bis zum 2. August 1945 im Potsdamer Schloß Cecilienhof, äußerte sich in einem ihrer Beschlüsse zu der Region, wo sie tagte, unmittelbar. Sie entschied, den Staat Preußen als Hort und Inbegriff des deutschen Militarismus für immer auszulöschen. So geschah es dann auch, durch einen entsprechenden Beschluß des alliierten Kontrollrats von 1947. Kaum eine Übereinkunft der Siegermächte betreffend das unterlegene Deutschland wurde konsequenter befolgt.

Selbst im Zusammenhang der deutschen Wiedervereinigung von 1990 hat es denkbare Hinwendungen zu einem Bundesland Preußen nicht gegeben. Die einst namensstiftende Provinz rund um die Krönungsstadt Königsberg blieb ohnehin verloren. Das heutige Land Brandenburg vereinigt innerhalb seiner Grenzen viel weniger als das gleichnamige Kurfürstentum nach dem Frieden von Münster und Osnabrück 1648, vielmehr entspricht es in seiner territorialen Masse in etwa der Mark unter Albrecht dem Bären, vor siebenhundert Jahren.

Längst erklären manche Autoren Preußen zum wahren und alleinigen Verlierer des Zweiten Weltkriegs, wogegen zum Beispiel die Länder Bayern und Württemberg nach 1945 entschieden zugelegt hätten und dadurch gleichsam auf der heimlichen Seite der Kriegsgewinnler stünden. Daraus wird dann auch ein entschiedener Wunsch nach endlicher historischer Gerechtigkeit abgeleitet und eine weitgehende Exkulpierung Preußens, wenn schon nicht dessen Restitution. Derart erzeugt ein halbes Jahrhundert nach seinem geschichtlichen Ableben Preußen immer noch eine Art von Phantomschmerz, und manchmal hat es den Anschein, dessen Intensität nehme eher zu, statt daß sie schwände.

Nun ist es nicht, daß man Preußens Gloria etwa ungeniert zurückersehnte, also die Militarisierung des Staates und die alte aggressive Begehrlichkeit. Wünsche, die in solche Richtung weisen (und natürlich gibt es sie), bleiben vorerst das Privilegium einer äußersten Rechten. Noch sind die Erinnerungen an die Katastrophe von 1945 allzu nahe und die inzwischen erlebten und reichlich genossenen Vorzüge einer zivilen Gesellschaft allzu groß, als daß man sich mehrheitlich eine nationale Revolution aus dem Geist von Ernst Moritz Arndt, Friedrich Ludwig Jahn und Hans Zehrer ersehnte. Immer lauter freilich ertönt, angesichts der Neuen Unübersichtlichkeiten in der deutschen Demokratie samt ihren Fußangeln, Peinlichkeiten und Skandalen, angesichts Politikverdrossenheit und vazierenden Kleinbürgerängsten, ein Ruf nach Gesetz und Ordnung und damit auch nach einer Wiederkehr der alten preußischen Tugenden.

Gebildete Gemüter wissen nun, daß man solche Tugenden von ihren geschichtlichen Hintergründen nicht einfach ablösen kann, weswegen sie eben die Neubewertung der preußischen Historie fordern. Dergleichen geschieht gleich auf mehreren Seiten des politischen Spektrums.

Bei den Konservativen ist zu erkennen, daß der Geist des rheinisch-katholischen Separatismus aus der Tradition von Joseph Görres, der einmal die alte Bundesrepublik prägte und dessen bekanntester Vertreter Konrad Adenauer hieß, allmählich abgelöst wird durch eine Innovation der durch den Kanzler Hardenberg, durch Otto von Bismarck und Werner Sombart vorgetragenen Überzeugungen.

Das neue, das wiedervereinigte Deutschland ist zweifellos protestantischer und östlicher geworden, auch ärmlicher und jedenfalls irgendwie preußisch. Bonn verblaßt, wo die Partnerstadt Potsdam zu leuchten beginnt. Als 1991 das sinistre Schauspiel der Umbettung zweier Hohenzollernskelette von Hechingen nach Potsdam geschah, stellte sich neben einer Abordnung Bundeswehr gleich noch der deutsche Bundeskanzler auf.

Der Ruf nach Neubesinnung auf die alten Preußentugenden vereint so unterschiedliche Geister wie Joachim Fest, Richard von Weizsäcker, Arnulf Baring, Ernst Jünger und Manfred Stolpe. Inzwischen ertönt er so eindringlich, daß er in der Tat einiges Nachdenken lohnt.

Das stößt freilich auf Schwierigkeiten. Sie beginnen schon damit, daß zwar fast jeder irgendwie zu wissen meint, daß es die alten Preußentugenden gibt, aber höchst unterschiedliche Auffassungen darüber bestehen, was und wie die eigentlich sind.

Der Publizist Sebastian Haffner, durchaus ein Preußenanhänger, sieht sie so:

»Wer seine Pflicht tat, sündigte nicht, mochte er tun, was er wollte. Ein zweites Gebot war, gegen sich selbst gefälligst nicht wehleidig zu sein; und ein drittes, schon schwächeres, sich gegen seine Mitmenschen – vielleicht nicht geradezu gut, das wäre übertrieben, aber: anständig zu verhalten.«

Der Historiker Georg von Bülow nannte: »Pflicht, Ordnung, Gerechtigkeit.« Er sah das als bewußten Gegensatz zu Freiheit, Gleichheit, Brüderlichkeit, den Begriffen der Französischen Revolution.

Die Publizistin Barbara Sichtermann nennt unter anderem: Bescheidenheit, Disziplin, Härte, Kriegstüchtigkeit, Staatstreue, Selbstlosigkeit, Pünktlichkeit, Fleiß.

Die Pflichterfüllung wird fast überall erwähnt, dazu noch Gradlinigkeit, Gehorsam, Unbestechlichkeit, Sparsamkeit, seltener Toleranz. Ein Vorzugswort ist Dienen. Ein niemals genannter Begriff ist Humor. Die Addition der meisten Preußentugenden zieht sich auf die von Friedrich Nietzsche in Umlauf gesetzte Redlichkeit zusammen.

Aufmerksame Analytiker pflegen hier immer bloß von Sekundärtugenden zu sprechen. Die genannten Eigenarten, deren einige, nur für sich, als durchaus positiv oder nützlich zu bewerten sind, wären demnach abgeleitet. Andere kritische Geister haben nach dem historischen Wahrheitsgehalt der Tugenden gefragt. Sie gelangten jedesmal zu eher ernüchternden Ergebnissen.

Der preußischen Sparsamkeit stehen die zahlreichen Verschwender aus dem Hause Hohenzollern gegenüber. Die Reihe führt von Friedrich I. bis zu Wilhelm II.

Die Toleranz ist jedenfalls dort, wo sie für gewöhnlich festgemacht wird, also beim Großen Kurfürsten, bei Friedrich Wilhelm I. und bei Fridericus Rex, nichts anderes als bloß ein geschäftstüchtiges Kalkül gewesen.

Bei der preußischen Unbestechlichkeit handelte es sich vielfach um ein Gerücht. Unter dem Soldatenkönig wie unter dessen Sohn sind Hand und Taschen immerzu weit aufgehalten worden, übrigens auch durch den Souverän. Abgesehen davon, daß in despotischen Strukturen Bestechung durchaus eine Funktion von Toleranz und Mitmenschlichkeit werden kann und deswegen nicht a priori verwerflich ist.

Alle anderen Begriffe zwischen Gehorsam, Mut und Dienen benennen unverblümt soldatische Haltungen, wie denn auch das, woraus sich die preußischen Tugenden ableiten, immer nur der Militarismus ist. Er hat, da er den gesamten Staat durchdrang und beherrschte, eine demokratisch-zivile Gesellschaft gleichermaßen verhindert wie substituiert. Wer die preußischen Tugenden beschwört, meint Preußen insgesamt. Wer sie heute haben will, will den Militarismus zurück.

Einer, der es gut genug weiß, der Historiker Christian Graf Krockow mit Herkunft aus einer alten ostelbischen Junkersippe, leitet die Preußentugenden vom Arbeitsethos der niederländischen Calvinisten her. Der hohenzollernsche Absolutismus habe es übernommen und für seine eigenen Zwecke zurechtgeknetet.

»So wurden die Tugenden preußisch verwandelt; so haben sie statt einer staunenswerten Bürgergesellschaft den staunenswerten Staat geschaffen, für den nicht der Wohlstand zählte, sondern die Macht. Macht aber ist ein Mittel, kein Selbstzweck; die Frage stellt sich daher, wozu man sie nutzt. Und das im genauen Wortsinn *Fragwürdige* an den preußischen Tugenden ist, daß sie dazu schweigen.«

Nicht nur Christian von Krockow bestreitet dann, völlig zu Recht, daß etwa sämtliche preußische Traditionslinien direkt von Fridericus hin zu Hitler laufen, wiewohl dies immer wieder unterstellt wird. Die Gegenbeispiele lassen sich aufzählen.

Nirgends in Deutschland etwa wurden die Juden so weitgehend akzeptiert wie in Preußen. Allerdings: Menschen zweiter Klasse blieben sie auch dort. Es gab einen preußischen Widerstand gegen die nationalsozialistische Diktatur nicht erst seit dem Jahre 1944. Freilich: Dieser Widerstand erfolgte politisch von rechts, denn seinen Angehörigen erschien Adolf Hitler entschieden zu plebejisch und zu ordinär.

Der Nationalsozialismus folgte nicht zwingend aus dem Preußentum, doch vieles von dem, was er kultivierte und worauf er fußte, die militärische Aggressivität, der antidemokratische Zentralismus, der unbedingte Gehorsam, war im Preußentum tief verankert, und also hatten Hitler und Goebbels auf ihre Weise recht, wenn sie sich darauf beriefen. Sofern staatsbürgerliche Freiheit nicht denkbar ist ohne Demokratie, war Preußen stets ein unfreier Staat, und Erich Honeckers deutsche Leninisten waren gut beraten, wenn sie, spät genug, Preußen für sich entdeckten, um sich seine Überlieferungen nutzbar zu machen.

Die Station Wildpark bei Potsdam war der Kaiserbahnhof. Hier stiegen die Majestäten zu, wenn sie die Eisenbahn benutzten, und von hier reiste der kläglich besiegte letzte Hohenzollernkaiser, das Großmaul Wilhelm, in sein Exil. Preußisch: Er ging von der Fahne.

Ein Dreivierteljahrhundert später langten auf dem nämlichen Bahnhof Wildpark zwei königliche Särge an, um in Potsdam beigesetzt zu werden. Die Sache wurde beinahe als Staatsakt zelebriert. Ihre makabere Symbolik begriffen offenbar nur jene jungen Leute, die in den Straßen Potsdams dazu einen parodistischen Mummenschanz vortrugen.

Was von Preußen bleiben wird und allein bleiben sollte, ist der Geist seines besonderen Spätbarock und Klassizismus, sind die Bauten von Schinkel und Persius, die Gärten von Pückler und Lenné, ist die protestantische Philosophie von

Hegel und Schleiermacher, ist die schöne Literatur Friedrich Schlegels, Heinrich von Kleists und Theodor Fontanes, ist der aufklärerische Geist des jüdischen Theologen Moses Mendelssohn, des königlichen Tischredners Fridericus und des Publizisten Carl von Ossietzky. Was von Preußen bleiben wird und allein bleiben sollte, sind Vernunft und Ästhetik, nicht weniger und nicht mehr.

Inhalt

Introitus
7

Von Nordosten her
12

Bürgerliches
17

Alte Ansichten
34

Poztupimi
43

Arkadien
50

Militaria
69

Vom roten Preußen
81

Wetscherneswon
88

Bewegte Bilder
91

Ein Gebäude
96

Von Tugenden und Zukunft
98

Marguerite Yourcenar
Chenonceaux
Schloß der Frauen

Aus dem Französischen von Rolf und Hedda Soellner
1993. Gebunden. 80 Seiten.

In einem Spaziergang durch die Jahrhunderte erweckt Marguerite Yourcenar Königinnen und Mätressen zum Leben und fängt in den individuellen glanzvollen, traurigen oder intriganten Schicksalen, die ebenso akribisch rekonstruiert wie selbstbewußt fabuliert sind, zugleich ein Stück der allgemeinen Geschichte ein. *Kölner Illustrierte*

Guido Ceronetti
Albergo Italia
Meine italienische Reise

Aus dem Italienischen von Viktoria von Schirach und Barbara Krohn.
1993. Gebunden. 184 Seiten.

Man hat selten in den letzten Jahren ein Buch gelesen, das so unerbittlich ist in seiner Kritik – und so zart in seiner Liebe. Im Abendschein des fast schon Vernichteten glänzt noch einmal alles, was diesem Autor teuer ist. *Süddeutsche Zeitung*

Bruce Chatwin/Paul Theroux
Wiedersehen mit Patagonien

Aus dem Englischen von Anna Kamp
1992. Gebunden. 80 Seiten

Bruce Chatwin und Paul Theroux, die beide Bücher über Patagonien geschrieben haben, die zu den schönsten Reisebüchern der Moderne gehören, halten hier ein Zwiegespräch über ihre Erlebnisse. Patagonien, das ist das Land am äußersten Rand unserer Welt, das zur Metapher wurde für das Ungeheuerliche, das Unheimliche, das verhängnisvoll Anziehende, und *Wiedersehen mit Patagonien* ist eine anregende Lektüre für alle, die auf der Suche nach dem Wunderbaren, dem Außergewöhnlichen, dem Geheimnisvollen sind.

Joseph Brodsky
Erinnerungen an Petersburg

Aus dem Amerikanischen von Sylvia List
und Marianne Frisch
1993. Gebunden. 120 Seiten.

Brodsky, der 1940 als Sohn jüdischer Eltern in Leningrad geboren und 1972 als Persona non grata in den Westen entlassen wurde, schildert die Geschichte einer lebenslangen Bindung: an die Eltern und an die Stadt Leningrad, die »schönste Stadt auf dem Antlitz der Erde«. [. . .] Was aber die Kunst des Schreibens betrifft, so fügt die zeitliche, räumliche und auch sprachliche Distanz, wie sie die Umsetzung ins Englische mit sich bringt, zu den *Erinnerungen an Petersburg* jene Bitterstoffe hinzu, die die Lektüre zum reinen Genuß machen. *Süddeutsche Zeitung*

Joseph Brodsky
Ufer der Verlorenen

Aus dem Amerikanischen von Jörg Trobitius
1991. Gebunden. 96 Seiten

Brodsky beschreibt Venedig nicht nur, er liest es auch, indem er dessen Gassen und Fassaden und Treppen und Plätze, mithin dessen Stein gewordene Geschichte abschreitet, die sich im allgegenwärtigen Wasser der Kanäle und Lagunen vielfach spiegelt, permanent sich verändert, sich verlebendigt, um schließlich ein flutendes Muster zu bilden, aus dem die Zukunft – einziger Garant der Gegenwart – gleichsam auf die Vergangenheit zurückblickt. *Neue Zürcher Zeitung*

Antonio Tabucchi
Indisches Nachtstück

Aus dem Italienischen von Karin Fleischanderl
1990. Gebunden. 120 Seiten

Indisches Nachtstück, schreibt Tabucchi in der »Vorbemerkung«, sei »nicht nur das Ergebnis von Schlaflosigkeit, sondern auch eine Reise«. Das Buch erzählt von Tabucchis Reise durch Indien und ist zugleich selbst eine ganz und gar literarische durch die dunklen Bezirke seiner Phantasie. Tabucchi skizziert die Exotik Indiens, er beutet sie nicht aus. Vom »Sadismus des Sehens« ist er weit entfernt. Er geht behutsamer vor, deutet an, beläßt es beim Fragment und baut insgesamt eine Atmosphäre des Unsicheren, Mehrdeutigen auf, die für eine diesem Autor ohnehin eigentümliche Spannung sorgt. *Süddeutsche Zeitung*